I0536587

BESTACTIVITYBOOKS.COM

Copyright © 2022 LINGUAS CLASSICS

Tous droits réservés. Aucune partie de ce livre ne peut être reproduite ou utilisée de quelque manière que ce soit sans l'autorisation écrite du détenteur des droits d'auteur, sauf pour l'utilisation de citations dans une critique de livre.

PREMIERE ÉDITION

Dépôt légal, 2022

Illustration Graphique Extra: www.freepik.com
Merci à Alekksall, Starline, Pch.vector, Rawpixel.com, Vectorpocket, Dgim-studio, Upklyak, Macrovector, Stockgiu, Pikisuperstar & Freepik.com Designers

Découvrez des Jeux Gratuits en Ligne

Disponible Ici :

BestActivityBooks.com/FREEGAMES

5 ASTUCES POUR DÉMARRER !

1) COMMENT RÉSOUDRE LES MOTS MÊLÉS

Les puzzles sont dans un format classique :

- Les mots sont cachés sans espaces, tirets, ...
- Orientation : Les mots peuvent être écrits en avant, en arrière, vers le haut, vers le bas ou en diagonale (ils peuvent être inversés).
- Les mots peuvent se chevaucher ou se croiser.

2) UN APPRENTISSAGE ACTIF

Un espace est prévu à côté de chaque mots pour noter la traduction. Pour favoriser un apprentissage actif un **DICTIONNAIRE** à la fin de cette édition vous permettra de vérifier et étendre vos connaissances. Cherchez et notez les traductions, trouvez-les dans le Puzzle et ajoutez-les à votre vocabulaire !

3) MARQUEZ LES MOTS

Vous pouvez inventer votre propre système de marquage. Peut-être en utilisez-vous déjà un ? Sinon, vous pourriez, par exemple, marquer les mots qui ont été difficiles à trouver d'une croix, ceux que vous avez aimés d'une étoile, les mots nouveaux d'un triangle, les mots rares d'un diamant, etc...

4) STRUCTUREZ VOTRE APPRENTISSAGE

Cette édition vous offre un **CARNET DE NOTES** très pratique à la fin du livre. En vacances ou en voyage ou à la maison, vous pouvez facilement organiser vos nouvelles connaissances sans avoir besoin d'un second bloc-notes !

5) VOUS AVEZ FINI TOUTES LES GRILLES ?

Allez à la section bonus **CHALLENGE FINAL** pour trouver un jeu gratuit à la fin de cette édition !

Simple et Rapide ! Découvrez notre collection de livres d'activités pour votre prochain moment de détente et **d'apprentissage**, à juste un clic de distance !

Trouvez votre prochain défi sur :

BestActivityBooks.com/MonProchainLivre

À vos marques, prêts... Partez !

Saviez-vous qu'il existe environ 7 000 langues différentes dans le monde ? Les mots sont précieux.

Nous aimons les langues et avons travaillé dur pour créer les livres de la plus haute qualité pour vous. Nos ingrédients ?

Une sélection des thématiques d'apprentissage adaptée, trois belles parts de divertissement, puis nous ajoutons une cuillère de mots difficiles et une pincée de mots rares. Nous les servons avec soin et un maximum de plaisir pour vous permettre de résoudre les meilleurs jeux de mots mêlés qui soient et d'apprendre en vous amusant !

Votre avis est essentiel. Vous pouvez participer activement au succès de ce livre en nous laissant un commentaire. Nous aimerions vraiment savoir ce que vous avez préféré dans cette édition !

Voici un lien rapide qui vous mènera à la page d'évaluation de vos commandes :

<u>BestBooksActivity.com/Avis50</u>

Merci pour votre aide et amusez-vous bien !

De la part de toute l'équipe

1 - Adjectifs #2

Հ	Շ	Ջ	K	Ի	Ֆ	Ն	Զ	Ֆ	Ն	Մ	Ւ	Ո	Պ
P	Ձ	Ղ	Ք	Հ	Պ	Ա	Ր	Տ	Կ	Ա	Ժ	Ւ	Ա
Ո	A	Ո	Ւ	Դ	Ծ	Կ	Ի	Ե	Ա	Ք	Գ	Ժ	Տ
Վ	L	Ռ	Ր	Օ	Ժ	Ա	Ք	Վ	Ր	Ո	Չ	Ե	Ա
Ա	Ա	Ա	Զ	Ս	Բ	Ր	Ր	Ա	Ա	Ւ	Զ	Ղ	Ս
Ա	Շ	Յ	Հ	L	Ձ	Ե	Ք	Ն	Գ	Ր	K	Ձ	Խ
Ղ	Շ	Ն	Ր	Ձ	Օ	Վ	Ա	Ւ	Ր	Ը	Ե	Փ	Ա
Ի	Է	Ա	Ո	Ի	Ձ	Ա	Տ	Ո	Ա	Ղ	Է	Կ	Ն
L	E	Կ	Ն	Ր	Գ	Վ	Ե	Յ	Կ	Ճ	Բ	Փ	Ա
Կ	Պ	Ա	Վ	Ժ	Հ	Է	Հ	Դ	Ա	Տ	Ա	Ք	Տ
Բ	Ք	Ն	Ն	Թ	Փ	Ա	Յ	Ր	Ն	Ո	K	Հ	Ո
K	E	Բ	Յ	Ա	Ս	Ծ	L	Ա	Յ	Կ	Տ	H	Ւ
Դ	Ր	Ա	Մ	Ա	Տ	Ի	Կ	Ի	Ռ	Ն	Կ	Շ	Ո
Ր	Հ	Ա	Յ	Տ	Ն	Ի	L	Բ	Զ	Ք	Հ	Ր	Ձ

ՎԱՎԵՐԱԿԱՆ
ՀԱՅՏՆԻ
ՏԱՔ
ՆԿԱՐԱԳՐԱԿԱՆ
ՇՆՈՐՀԱԼԻ
ԴՐԱՄԱՏԻԿ
ՀՊԱՐՏ
ՈՒԺԵՂ
ՀԵՏԱՔՐՔԻՐ
ԲՆԱԿԱՆ
ՆՈՐ
ԱՐԴՅՈՒՆԱՎԵՏ
ՀՁՈՐ
ՄԱՔՈՒՐ
ՊԱՏԱՍԽԱՆԱՏՈՒ
ԱՌՈՂՋ
ԱՂԻ
ՎԱՅՐԻ
ՉՈՐ
ՔՆԿՈՏ

2 - Formes

Ե	Ա	Գ	Գ	Ա	Ւ	Օ	Ո	Դ	Թ	Լ	Ն	Թ	Հ
Զ	Ն	Ի	Ւ	K	Ն	Վ	Պ	Ո	Լ	Ի	Գ	Ո	Ն
Ր	Կ	Ծ	Կ	Դ	Ր	Ա	Ն	Ա	Ր	Ո	Խ	Կ	H
Ե	Յ	Հ	Ի	Ո	Հ	Լ	Լ	Ւ	Թ	Ղ	Ե	Զ	Ք
Ր	Ո	Կ	Լ	Ի	Ղ	Չ	Յ	Գ	Ր	Ւ	Ո	Բ	Ա
Չ	Ւ	Կ	Ց	Փ	Ա	Մ	P	Թ	Ճ	P	Է	Բ	Ռ
Վ	Ն	Ճ	Ր	Ֆ	Ը	Շ	Ք	E	Ղ	Ն	H	Ի	Ա
Ղ	Ս	Ա	Լ	Գ	Վ	K	Խ	Յ	Բ	Ճ	Ս	A	Կ
Հ	Ի	Պ	Ե	Ր	Բ	Ո	Լ	Ա	Պ	Կ	Պ	Կ	Ո
Ո	Ւ	Ղ	Ղ	Ա	Ն	Կ	Յ	Ո	Ւ	Ն	Ի	Ո	Ւ
Մ	Ի	Ե	Գ	Ե	Պ	Ր	Ի	Զ	Մ	Ա	Լ	Ն	Ս
Ֆ	Ն	Ւ	Ճ	Բ	Ղ	Զ	Կ	Հ	Ց	Շ	Է	Ղ	Ի
Է	Ո	Լ	Ո	Ր	Տ	Ա	Օ	Ձ	Շ	Վ	Ջ	Խ	Գ
Ե	Ռ	Ա	Ն	Կ	Յ	Ո	Ւ	Ն	Ի	Պ	Ե	Հ	Ր

ԱՂԵՂ
ԵԶՐԵՐ
ՔԱՌԱԿՈՒՍԻ
ՑԼԻԿ
ԱՆԿՅՈՒՆ
ԿՈՐ
ԿՈՆ
ԿՈՂՄ
ԽՈՐԱՆԱՐԴ
ԳԼԱՆ
ԷԼԻՊՍ
ՀԻՊԵՐԲՈԼԱ
ԳԻԾ
ՕՎԱԼ
ՊՈԼԻԳՈՆ
ՊՐԻԶՄԱ
ԲՈՒՐԳ
ՈՒՂՂԱՆԿՅՈՒՆԻ
ՈԼՈՐՏ
ԵՌԱՆԿՅՈՒՆԻ

3 - Force et Gravité

Դ	Ժ	Կ	Ե	Ն	Տ	Ր	Ո	Ն	Ի	Ֆ	Ը	Զ	Մ
Ո	Ի	Ա	Ժ	Հ	Բ	Ո	Մ	Ւ	Ո	Շ	Ն	Ճ	Ա
Ւ	Բ	Ն	Մ	Ւ	Ո	Ժ	Ր	Ա	Շ	Խ	Դ	Ջ	Գ
Ղ	Է	Ձ	Ա	Ա	Զ	Ս	Ս	Կ	Ձ	Ջ	Լ	Ո	Ն
Ե	Ք	Ե	Կ	Մ	Ն	Ը	Խ	Շ	Զ	Օ	Ա	Ւ	Ե
Ծ	Լ	Ծ	K	Ց	Ի	Ա	Զ	Ջ	Տ	Ն	Յ	Ն	Տ
Ի	Ը	Ե	Ց	Ւ	Հ	Կ	Կ	Գ	Լ	Ք	Ն	Ի	Ի
Ր	Մ	Է	Ն	Ո	Հ	P	Ք	Օ	Չ	Ա	Ո	Վ	Զ
Ո	Ւ	Ն	Ք	Ց	Ն	Ա	Ռ	Ա	Ն	Շ	Ւ	Ե	Մ
Մ	Ո	Լ	Ո	Ր	Ա	Կ	Ն	Ե	Ր	Ը	Մ	Ր	Յ
Դ	Ց	Տ	K	Կ	Ծ	Գ	Ժ	Վ	Ը	Ծ	Ը	Ս	Չ
Ն	Ա	Կ	Ի	Զ	Ի	Ֆ	Ա	Ո	Ֆ	Գ	Հ	Ա	Մ
Ա	Բ	Ռ	Կ	A	Պ	Շ	Փ	Ր	Ւ	A	Լ	Լ	Ժ
Ս	Թ	Ջ	P	Զ	Ա	Կ	Ի	Ն	Ա	Խ	Ե	Մ	Ձ

ԱՐԱԳԱՑՆԵԼ
ԱՌԱՆՑՔ
ԿԵՆՏՐՈՆ
ԲԱՑՈՒՄ
ԴԻՆԱՄԻԿ
ԸՆԴԼԱՅՆՈՒՄ
ՄԱԳՆԵՏԻԶՄ
ՄԵԽԱՆԻԿԱ
ՇԱՐԺՈՒՄ
ՈՒՂԵՃԻՐ
ՖԻԶԻԿԱ
ՄՈԼՈՐԱԿՆԵՐ
ՔԱՇԸ
ՃՆՇՈՒՄ
ԺԱՄԱՆԱԿ
ՈՒՆԻՎԵՐՍԱԼ

4 - Adjectifs #1

Ա	Ք	Պ	H	H	Ք	Դ	Ծ	Փ	Ս	Կ	L	A	Հ
Է	Ռ	Ն	Ա	Կ	Ա	Յ	Ա	Կ	Ս	Հ	Ֆ	E	Ա
Կ	Կ	Ա	Գ	Ծ	P	Բ	Դ	Ն	Գ	Հ	Մ	Ո	Վ
Զ	Ա	Կ	Տ	Ջ	Տ	Կ	Ա	Թ	Դ	Ի	Ֆ	Յ	Ա
Ո	Ր	Ա	Է	Ա	Տ	Ի	Ճ	Ր	Ն	Ա	Ծ	Ա	Կ
Տ	Ե	Ն	Հ	Ջ	Ձ	Ց	Ւ	Հ	Ա	Ձ	Ղ	Է	Ն
Ի	Ւ	Յ	Ի	Ձ	L	Ե	K	Ր	Բ	Կ	Վ	Ա	Ո
Կ	Ո	Ւ	Դ	Վ	H	Ղ	Ռ	Ր	Չ	Թ	Ւ	Կ	Տ
Ի	Ր	Ո	Է	Փ	Ր	Ե	O	Ն	Գ	Զ	Ճ	Տ	Ա
K	K	Ն	Ւ	P	Բ	Գ	Ա	Զ	Ն	Ի	Վ	Ի	Ն
Բ	Ա	Ց	Ա	Ր	Ձ	Ա	Կ	Մ	Դ	H	K	Վ	Մ
Գ	Ե	Ղ	Ա	Ր	Վ	Ե	Ս	Տ	Ա	Կ	Ա	Ն	Ե
Ա	Ն	Ո	Ւ	Շ	Ա	Բ	Ո	Ւ	Յ	Ր	Ց	Ք	Ղ
Թ	Շ	L	Ջ	Գ	Ր	Ա	Վ	Ի	Չ	Պ	E	Ն	Ե

ԲԱՑԱՐՁԱԿ
ԱԿՏԻՎ
ՀԱՎԱԿՆՈՏ
ԱՆՈՒՇԱԲՈՒՅՐ
ԳԵՂԱՐՎԵՍՏԱԿԱՆ
ԳՐԱՎԻՉ
ԳԵՂԵՑԻԿ
ԷԿԶՈՏԻԿ
ՀՍԿԱՅԱԿԱՆ
ԱՌԱՏԱՁԵՌՆ
ԱԶՆԻՎ
ՆՈՒՅՆԱԿԱՆ
ԿԱՐԵՒՈՐ
ԱՆՄԵՂ
ԴԱՆԴԱՂ
ԾԱՆՐ
ԲԱՐԱԿ

5 - Instruments de Musique

Գ	Ո	Ն	Գ	Կ	Ի	Ո	Բ	Մ	Թ	Մ	Դ	Դ	Ջ
Տ	Լ	Վ	Պ	Լ	Շ	Ե	Փ	Ո	Ր	Լ	Զ	Ի	Ո
Զ	Ճ	Ո	Ի	Ա	Տ	Յ	Ե	Լ	Ֆ	Զ	Ր	Կ	Ի
Ե	Ր	Է	Ջ	Ր	Ի	Ո	Մ	Ա	Ն	Շ	Ա	Դ	Թ
Պ	Ժ	Ո	Ս	Ն	Կ	E	Մ	Ֆ	Տ	Գ	Ժ	Ե	Ա
Է	Ը	Է	Ր	Ե	Ա	Փ	Պ	Պ	Ժ	Յ	Է	Ս	Կ
Ս	Ե	Ե	Վ	Տ	Մ	Բ	Ժ	Ձ	Խ	Ս	Պ	Ո	Է
Ա	Ի	P	Ջ	Կ	Թ	Ա	Բ	Ո	Ի	Բ	Ե	Ն	Տ
Ք	Օ	Ֆ	Ա	Ս	Ո	Ն	Ր	Վ	Տ	Շ	Ը	Ո	Ա
Ս	Ը	Բ	Ճ	H	Բ	Ի	Լ	Ի	Տ	Թ	Օ	Կ	Վ
Ո	Ֆ	Շ	Ո	Դ	Ց	Զ	K	Շ	Մ	Ո	Թ	Ի	Ի
Ֆ	Լ	Շ	Գ	Ե	Չ	Ջ	Հ	Ց	Դ	Բ	P	Թ	Ղ
Ո	Ձ	Տ	Ր	Ո	Մ	Բ	Ո	Ն	Ռ	Թ	Ա	Ա	Գ
Ն	Դ	Մ	Ա	Ն	Դ	Ո	Լ	Ի	Ն	Ց	Ձ	Ռ	Օ

ԲԱՆՋՈ
ՖԱՍՈՆ
ԿԼԱՐՆԵՏ
ՖԼԵՅՏԱ
ԳՈՆԳ
ԿԻԹԱՌ
ՏԱՎԻՂ
ՕԲՈԵ
ՄԱՆԴՈԼԻՆ

ՄԱՐԻՄԲԱ
ԴԱՇՆԱՄՈՒՐ
ՍԱՔՍՈՖՈՆ
ԹՄԲՈՒԿ
ԲՈՒԲԵՆ
ՏՐՈՄԲՈՆ
ՇԵՓՈՐ
ՋՈՒԹԱԿ

6 - Échecs

Խ	P	Շ	Ց	Ց	Գ	Դ	Հ	Թ	Ժ	Կ	Ն	Ց	Պ
Ե	Ո	Է	Ս	Ժ	Կ	Գ	Ա	Ա	Ա	Ա	Ծ	Ը	Չ
Լ	Ե	Ր	Ո	Վ	Ո	Ս	Կ	Գ	Մ	Ն	Չ	Մ	Վ
Ա	K	Թ	Ի	K	Ճ	Է	Ա	Ա	Ա	Ո	Ե	Ր	Լ
Ց	Մ	Ն	Ղ	Կ	Ջ	Ը	Ռ	Վ	Ն	Ն	Մ	Ց	A
Ի	Ւ	Ն	Դ	Ծ	Ը	Ա	Ա	Ո	Ա	Ն	Պ	Ա	Խ
Թ	Ա	Գ	Ո	Ւ	Հ	Ի	Կ	Ր	Կ	Ե	Ի	Շ	Ի
Մ	Ր	Ց	Ո	Ւ	Յ	Թ	Ո	Ը	Պ	Ր	Ո	Ա	Գ
Ւ	Ձ	Ո	Զ	Ե	Ի	Տ	Ր	Խ	Լ	Ա	Ն	Ր	Ն
Փ	Օ	Ն	Վ	Ս	Տ	Կ	Դ	E	Ա	Ճ	Ս	Ի	Ր
Փ	Ձ	Շ	Կ	Ա	Տ	Ի	Պ	Ս	Գ	Ղ	Թ	Ի	Ն
Վ	Վ	Ձ	Ռ	Թ	Ի	Ս	Ո	Ղ	Ո	Ւ	Ն	Ձ	Վ
Գ	E	Հ	Է	Լ	Թ	Մ	Շ	Ձ	Ժ	Ձ	Ե	Է	Գ
Ճ	Խ	Ա	Ղ	Ա	Ց	Ո	Ղ	Ձ	Ք	Ն	Ք	Ն	Ղ

ՀԱԿԱՌԱԿՈՐԴ
ՍՈՎՈՐԵԼ
ՍՊԻՏԱԿ
ՉԵՄՊԻՈՆ
ՄՐՑՈՒՅԹ
ԽԵԼԱՑԻ
ԽԱՂ
ԽԱՂԱՑՈՂ
ՍԵՒ

ՊԱՍԻՎ
ՄԻԱՎՈՐ
ԹԱԳՈՒՀԻ
ԿԱՆՈՆՆԵՐ
ԹԱԳԱՎՈՐԸ
ՍՈՂՈՒՆ
ԺԱՄԱՆԱԿ
ՄՐՑԱՇԱՐ

7 - Herboristerie

Ը	Է	Ջ	Ձ	Գ	Ո	Ւ	Ր	Ց	Մ	Ֆ	Խ	Ռ	Ը
Ս	Խ	Տ	Ո	Ր	P	Ց	Ծ	Ք	Ձ	Ի	Ո	Ո	Գ
Ա	Ն	Ո	Ւ	Շ	Ա	Բ	Ո	Ւ	Յ	Ր	Հ	Զ	Ք
Ն	Չ	Բ	Մ	Ո	Ա	Մ	Ա	Ս	Խ	Տ	Ա	Մ	Ա
Կ	Ի	Ղ	Ա	Ծ	Ր	Մ	Զ	Ա	Ժ	Ա	Ր	Ա	Յ
Մ	Ր	Պ	Ր	Դ	Վ	Ա	Ն	Մ	Պ	Տ	Ա	Ր	Գ
Ա	Դ	Ւ	Ո	Ք	Ղ	Օ	Կ	Ի	Օ	Ե	Ր	Ի	Ի
Ղ	Ա	Խ	Ջ	Լ	Գ	Գ	Շ	Թ	Ճ	Վ	Ա	Լ	Ի
Ա	Ղ	Ն	Ր	Ը	Թ	Ա	Չ	Ա	Ն	Ա	Կ	Լ	A
Դ	Ա	Ա	Ա	Փ	Ղ	Ծ	Տ	Ք	Հ	Հ	Ա	Ո	Հ
Ա	Բ	Հ	Մ	Ն	Ա	Ր	Ֆ	Ա	Զ	Ա	Ն	Ղ	Բ
Ն	Յ	Ե	Ծ	Մ	Ո	H	Բ	Լ	Ք	Շ	Մ	Լ	Ժ
Ո	Ժ	Ռ	Ե	Է	Ն	Ւ	Ո	Գ	Ր	Ա	Թ	Ը	Ք
Ս	Ն	Յ	Կ	E	Փ	Փ	Խ	Ն	Ա	Ր	Դ	Ո	Ս

ՍԽՏՈՐ
ԱՆՈՒՇԱԲՈՒՅՐ
ՌԵՀԱՆ
ՇԱՀԱՎԵՏ
ԽՈՀԱՐԱՐԱԿԱՆ
ԹԱՐԳՈՒՆ
ՍԱՄԻԹ
ԾԱՂԻԿ
ԲԱՂԱԴՐԻՉ
ԱՅԳԻ

ՆԱՐԴՈՍ
ՄԱՐՋՈՐԱՄ
ԱՆԱՆՈՒԽ
ՄԱՂԱԴԱՆՈՍ
ՈՐԱԿ
ՌՈԶՄԱՐԻ
ԶԱՖՐԱՆ
ՀԱՄԸ
ՈՒՐՑ
ԿԱՆԱՉ

8 - Photographie

Օ	Ջ	Ւ	Կ	Տ	Ն	Ս	Տ	Վ	Ե	Ր	Ն	Ե	Ր
Բ	Դ	Ի	Մ	Ա	Ն	Կ	Ա	Ր	Ւ	Ռ	Թ	Լ	Բ
Յ	Տ	Կ	Դ	Ղ	Լ	Ե	Ծ	Ա	Ձ	Թ	Ը	Ջ	Ց
Ե	Ա	Ե	Ա	Հ	Ե	Ռ	Ա	Ն	Կ	Ա	Ր	Դ	Ո
Կ	Ն	Ռ	Ս	Ձ	Լ	Թ	Շ	Ջ	Ա	Ս	Ա	Ի	Ւ
Տ	Ւ	Ճ	Ա	Ա	Մ	Ս	Ե	Ւ	Ն	Ա	Վ	Տ	Ց
Ո	Ֆ	Ո	Ո	Ր	Խ	Ը	Գ	Ե	Ա	Հ	Ա	Ե	Ա
Ր	Φ	A	Ջ	Ե	Կ	Ց	H	Ւ	Ջ	Մ	Խ	Լ	Հ
Ֆ	Ո	Ր	Մ	Ա	Տ	Ա	Ի	Վ	Ր	Ա	Ճ	Գ	Ա
Կ	Ո	Ն	Տ	Ր	Ա	Ս	Տ	Կ	Շ	Ն	K	Ո	Ն
Հ	Յ	Ո	Ւ	Ս	Վ	Ա	Ծ	Ք	Ջ	Ո	Ի	Ւ	Դ
Տ	Ե	Ս	Ո	Ղ	Ա	Կ	Ա	Ն	Տ	Ւ	Բ	Յ	Ե
Ս	Ս	Յ	Թ	Ք	Շ	Φ	Ե	Լ	Պ	Մ	Օ	Ն	Ս
Ղ	Կ	Ը	Ծ	E	Ե	Ղ	Բ	Պ	Պ	Ց	Շ	Մ	Ծ

ՇՐՋԱՆԱԿ
ՏԵՍԱԽՑԻԿ
ԿԱՁՄԸ
ԿՈՆՏՐԱՍՏ
ԳՈՒՅՆ
ՍԱՀՄԱՆՈՒՄ
ՑՈՒՑԱՀԱՆԴԵՍ
ՖՈՐՄԱՏ
ՍԵՒ

ՕԲՅԵԿՏ
ԽԱՎԱՐԸ
ՍՏՎԵՐՆԵՐ
ՀԵՌԱՆԿԱՐ
ԴԻՄԱՆԿԱՐ
ԱՌԱՐԿԱ
ՀՅՈՒՍՎԱԾՔ
ՏԵՍՈՂԱԿԱՆ
ԴԻՏԵԼ

9 - Véhicules

Գ	Ի	Տ	Մ	Ս	Բ	Մ	Ե	Տ	Ր	Ո	Ւ	Ժ	Ց
Ն	Ն	Ր	Ե	Կ	Ի	Ե	Ծ	Խ	Զ	Ը	Ի	Φ	A
Ա	Ք	Ա	Ք	Ո	E	Ժ	Ռ	Ի	Թ	Ր	Հ	Ր	Ծ
Ց	Ն	Կ	Ե	Ւ	Ֆ	Վ	Ժ	Ն	Ա	Վ	Ի	Լ	Ն
Ք	Ա	Տ	Ն	Տ	Ֆ	Ռ	Ի	Թ	Ա	Ղ	Ղ	Ւ	Ո
Ք	Թ	Ո	Ա	Ե	Ց	O	Ն	Ձ	Վ	Տ	Կ	Ե	Ք
Լ	Ի	Ր	P	Ր	Ռ	Գ	Լ	Ւ	Ի	Դ	Ա	Ց	Ա
Ղ	Ռ	Ա	Վ	Տ	Ո	Բ	Ո	Ւ	Ս	Տ	Վ	Ր	Ր
Ս	Ո	Ւ	Զ	Ա	Ն	Ա	Վ	Մ	Ք	Ի	Ա	Ի	Ա
Լ	Ա	Ս	Տ	Ա	Ն	Ա	Վ	Ո	Ա	Ր	Ն	Ջ	Վ
Ֆ	Ձ	Լ	Յ	Մ	Թ	Ճ	Ի	Տ	Տ	Ե	Ֆ	Տ	Ա
Զ	Զ	Ը	Թ	Ժ	Հ	Յ	Գ	Ո	Խ	Ս	P	Գ	Ն
Հ	Ե	Ծ	Ա	Ն	Ի	Վ	Խ	Ր	Ս	Ջ	K	Յ	P
Վ	H	Ը	Ծ	Զ	Խ	Ը	Ժ	Ց	Յ	Պ	Ի	Բ	Ղ

ԻՆՔՆԱԹԻՌ
ՆԱՎԱԿ
ԱՎՏՈԲՈՒՍ
ԲԵՌՆԱՏԱՐ
ՔԱՐԱՎԱՆ
ԼԱՍՏԱՆԱՎ
ՀՐԹԻՌ
ՈՒՂՂԱԹԻՌ
ՄԵՏՐՈ
ՄՈՏՈՐ
ՏԻՐԵՍ
ՍԿՈՒՏԵՐ
ՍՈՒԶԱՆԱՎ
ՏԱՔՍԻ
ՏՐԱԿՏՈՐ
ԳՆԱՑՔ
ՎԱՆ
ՀԵԾԱՆԻՎ
ՄԵՔԵՆԱ

10 - Camping

Պ	Ն	Ւ	Թ	Շ	Ն	Յ	Ժ	Պ	Ա	Ջ	Ր	Ա	Ե
Ա	Յ	Ա	Ր	Կ	Վ	Ր	Ա	Ն	Ա	Վ	Բ	Ն	Ց
Ր	Ս	Զ	Վ	Զ	Ե	Տ	Ր	Ա	Ք	Ո	Մ	Տ	Օ
Ա	E	Կ	A	Ա	Յ	Ն	Լ	Ռ	Ծ	Ր	Ի	Ա	Տ
Ն	Բ	Լ	Ո	Ղ	Կ	Ծ	Դ	Ո	Չ	Ս	Ջ	Ռ	Ն
Բ	Ր	Օ	Ս	Կ	Ր	Ա	Կ	Ա	Ւ	Գ	Ա	Ե	Ա
Զ	Զ	Գ	Լ	Փ	Պ	Կ	Շ	Ֆ	Ն	Ս	Տ	Լ	Կ
E	Կ	Լ	Ի	Թ	Ւ	Ր	Ձ	Ց	Խ	Ի	Ի	Ֆ	Ո
Է	Զ	Խ	Ճ	Ց	Ն	Ա	Մ	Ա	Ժ	Թ	Ն	Ն	Ւ
Կ	Չ	Ա	Բ	Ն	Ո	Ւ	Թ	Յ	Ո	Ւ	Ն	Ե	Մ
Ջ	Վ	Ր	Ե	Ռ	Ա	Ծ	Ո	Տ	Ն	Ն	K	Թ	Ր
Մ	Խ	Կ	Կ	Ո	Ղ	Մ	Ն	Ա	Ց	Ո	Ւ	Յ	Ց
Խ	Ե	Ա	Ժ	Շ	A	K	Ղ	Ի	Չ	Վ	Կ	Ք	Ո
Ճ	Ճ	Ո	Ր	Մ	Ռ	Ժ	Ը	Զ	Շ	Չ	Զ	Ֆ	Հ

ԺԱՄԱՆՑ
ԿԵՆԴԱՆԻՆԵՐ
ԾԱՌԵՐ
ԱՐԿԱԾ
ԿՈՂՄՆԱՑՈՒՅՑ
ՏՆԱԿՈՒՄ
ՆԱՎԱԿ
ՔԱՐՏԵԶ
ԳԼԽԱՐԿ
ՈՐՍ
ՊԱՐԱՆ
ԿՐԱԿ
ԱՆՏԱՌ
ՄԻՋԱՏ
ԼԻՃ
ԼՈՒՍԻՆ
ԼԵՌ
ԲՆՈՒԹՅՈՒՆ
ՎՐԱՆ

11 - Écologie

Փ	Հ	Ճ	E	Ճ	Կ	Ք	Ձ	Դ	Խ	Ֆ	Գ	Լ	Ռ
Ր	Ռ	Ա	A	Ի	Բ	Ն	Ո	Ւ	Թ	Յ	Ո	Ւ	Ն
Գ	Ք	K	Մ	Հ	Ծ	Ո	Վ	Ա	Յ	Ի	Ն	Ց	Մ
Կ	Լ	Կ	Ժ	Ա	Ն	Ւ	Ո	Ա	Ֆ	E	Ա	Ժ	Ւ
Ա	Ա	Ո	Ճ	Ճ	Յ	Ռ	Փ	Յ	Ւ	Ւ	Վ	Ց	H
Բ	Պ	Մ	Բ	Ր	Ե	Ն	Ս	Ր	Ւ	Ո	Ս	Ե	Ռ
Ո	Ս	Կ	Ա	Ա	Գ	Ր	Ք	Ե	Ր	Ա	Շ	Տ	Ա
Ւ	Է	Լ	Հ	Վ	Լ	Ձ	Ն	Ն	Ւ	Ո	Յ	Ա	Կ
Յ	Լ	Ի	Բ	E	Ո	Հ	Ծ	Փ	Ե	Ո	Մ	Ր	E
Ս	Ե	Մ	Ն	Կ	Ս	Ր	Բ	Ղ	K	Ր	Ս	Ո	Ե
Ե	Ռ	Ա	Ա	Յ	Պ	Ե	Ն	Փ	Ճ	Լ	A	Լ	Պ
Ր	Ն	Պ	Կ	Տ	Ձ	Ղ	Վ	Ե	K	Չ	Ւ	Ֆ	Ը
Ջ	Ե	Ա	Ա	Ծ	Օ	Ձ	Ն	Ձ	Ր	Ց	Լ	Ա	Ժ
Ֆ	Ր	Չ	Ն	Տ	Ե	Ս	Ա	Կ	Ն	Ե	Ր	Ե	Ր

ԿԱՄԱՎՈՐՆԵՐ
ԿԼԻՄԱ
ՀԱՄԱՅՆՔՆԵՐ
ԿԱՅՈՒՆ
ՏԵՍԱԿՆԵՐ
ՖԱՈՒՆԱ
ՖԼՈՐԱ
ԳԼՈԲԱԼ
ՃԱՀԻՃ
ԾՈՎԱՅԻՆ
ԼԵՌՆԵՐ
ԲՆՈՒԹՅՈՒՆ
ԲՆԱԿԱՆ
ԲՈՒՅՍԵՐ
ՌԵՍՈՒՐՍՆԵՐ
ԵՐԱՇՏ

12 - Géométrie

Հ	Ց	Ռ	Ւ	Ք	Ջ	Ե	Վ	Ս	Շ	Զ	Ն	Ք	Ջ
Ա	Ք	Լ	Գ	Ն	Ղ	Ռ	Ր	Ի	Ր	Ո	Կ	Ա	Տ
Վ	Ա	Կ	Ի	Ը	Փ	Ա	Չ	Մ	Թ	Ւ	Ը	Շ	Ր
Ա	Ռ	Ծ	Ե	Կ	Փ	Ն	Զ	Ե	Բ	Գ	Է	Ը	Ա
Ս	Ա	Խ	K	Ն	Ժ	Կ	A	Տ	Ժ	Ա	Է	Զ	Մ
Ա	Կ	Ս	Ճ	Ւ	Ւ	Յ	Ի	Ր	Լ	Հ	Ի	Բ	Ա
Ր	Ո	A	Դ	Ո	Ց	Ո	Պ	Ի	Ի	Ե	Շ	Մ	Գ
Ո	Ւ	Ի	Ս	Յ	Հ	Ւ	Յ	Ա	Չ	Ռ	Ո	Ի	Ի
Ւ	Ս	Ճ	Բ	Կ	Մ	Ն	K	Թ	Ծ	Թ	Թ	Ջ	Ծ
Մ	Ի	Հ	Գ	Ն	Ե	Ի	Ճ	Ջ	Ւ	Փ	Թ	Ի	Ջ
Գ	Ծ	Ե	Ր	Ա	Ո	Խ	Ֆ	Յ	Ց	Ո	Դ	Ն	Թ
Հ	Ա	Տ	Վ	Ա	Ծ	Ս	Հ	P	Տ	Ռ	Ս	Ը	Ղ
Հ	Ա	Շ	Վ	Ա	Ր	Կ	Հ	Ս	Ն	Կ	Ջ	Ե	Կ
Բ	Ա	Ր	Ձ	Ր	Ո	Ւ	Թ	Յ	Ո	Ւ	Ն	Ը	Տ

ԱՆԿՅՈՒՆ
ՀԱՇՎԱՐԿ
ՔԱՌԱԿՈՒՍԻ
ՑԼԻԿ
ԿՈՐ
ՏՐԱՄԱԳԻԾ
ՉԱՓԸ
ՀԱՎԱՍԱՐՈՒՄ
ԲԱՐՁՐՈՒԹՅՈՒՆԸ
ԳԾԵՐ
ՔԱՇԸ
ՄԻՋԻՆ
ԹԻՎ
ԶՈՒԳԱՀԵՌ
ՀԱՏՎԱԾ
ՍԻՄԵՏՐԻԱ
ՏԵՍՈՒԹՅՈՒՆ
ԵՌԱՆԿՅՈՒՆԻ

13 - Les Médias

Կ	Վ	Ե	Ր	Ա	Բ	Ե	Ր	Մ	Ո	Ւ	Ն	Ք	Ը
Ա	P	Ք	Ե	Պ	Ա	Ղ	Խ	Վ	K	Թ	Փ	Կ	Ա
Ր	Ծ	Թ	Տ	Ա	Ն	Ր	Լ	Ւ	Ն	Լ	Ժ	Ր	Մ
Ծ	Է	Ռ	Ս	Տ	Հ	Ե	Յ	Ն	Ի	Ռ	Ց	Թ	Ս
Ի	Ֆ	P	Ա	Կ	Ա	Թ	Վ	Ա	Յ	Ի	Ն	Ո	Ա
Ք	Հ	Տ	Փ	Ե	Տ	Ր	Մ	Կ	Ա	Պ	Ա	Ւ	Գ
Խ	Մ	Ռ	Դ	Ր	Ա	Ե	A	Ա	Ր	Տ	Ց	Թ	Ր
Խ	Ե	Չ	Ջ	Ն	Կ	Թ	Ճ	Կ	Տ	Ե	Ռ	Յ	Ե
Ռ	Ֆ	Լ	Ո	Ե	Ա	Ի	Լ	Ա	Ւ	Ղ	Ա	Ո	Ր
Ո	Ա	Հ	Ա	Ր	Ն	Ճ	Յ	Ր	Ե	Ա	Թ	Ւ	Փ
A	Շ	Դ	K	Ց	P	Լ	Ը	Ա	Ռ	Կ	Կ	Ն	A
Չ	Ձ	Հ	Ի	Ե	Ի	Ժ	Ձ	Ս	Ա	Ա	Լ	Ա	Ի
Ծ	Ե	Լ	Մ	Ո	Շ	Ս	Խ	Ա	Հ	Ն	H	Ս	Պ
Ը	Խ	Շ	Ց	Օ	Ւ	Ը	Է	Հ	Ղ	Ղ	Ծ	Ը	Հ

ՎԵՐԱԲԵՐՄՈՒՆՔԸ
ԱՌԵՒՏՐԱՅԻՆ
ԿԱՊ
ԱՌՑԱՆՑ
ԿՐԹՈՒԹՅՈՒՆ
ՓԱՍՏԵՐ
ՊԱՏԿԵՐՆԵՐ
ԱՆՀԱՏԱԿԱՆ
ԽԵԼԱՑԻ
ԹԵՐԹԵՐ
ՏԵՂԱԿԱՆ
ԱՄՍԱԳՐԵՐ
ԹՎԱՅԻՆ
ԿԱՐԾԻՔ
ՀԱՍԱՐԱԿԱԿԱՆ
ՌԱԴԻՈ

14 - Diplomatie

Է	Ձ	Հ	Ք	Ք	Ն	Ն	Ա	Ր	Կ	Ո	Ւ	Մ	Ժ
Յ	Թ	K	Ր	Ա	Տ	Ի	Ն	Ա	Մ	Ւ	Ո	Հ	Բ
Օ	Ր	Ի	Հ	A	Ղ	Հ	Ա	Մ	Ա	Յ	Ն	Ք	Ա
Ց	Ե	K	Կ	Գ	Կ	Ա	Գ	Զ	Տ	Տ	Ւ	E	Ն
Ո	Ն	Ո	Տ	Ա	Մ	A	Ք	Ֆ	Տ	Ն	P	Օ	Ա
Ն	Ւ	Ո	Յ	Թ	Ւ	Ո	Ն	Ա	Պ	Ս	Ե	Դ	Ձ
Ք	Ո	Խ	Ջ	Լ	Ո	Տ	Չ	Ն	Ց	Օ	A	K	Ե
Ժ	Զ	Ձ	Հ	P	Ծ	Ճ	Թ	Ի	Ի	Ի	H	Ժ	Ւ
Ց	Ե	Է	Շ	Փ	Ւ	Չ	E	Չ	Կ	A	Ն	Ի	Ը
Ը	Լ	Ք	Տ	Ծ	Ո	A	E	Ն	Ա	Պ	Ս	Ե	Դ
Օ	Ֆ	Պ	Օ	Հ	Լ	Ճ	Ռ	Փ	Ն	A	Ղ	Ղ	Ր
Վ	Տ	Կ	Ի	Լ	Ֆ	Ն	Ո	Կ	Շ	Ը	Բ	Ծ	Է
Զ	Ն	Ա	Կ	Ա	Ի	Ց	Ա	Ք	Ա	Ղ	Ա	Ք	Տ
Ձ	Մ	Կ	Ր	Ծ	Ս	Ճ	Ա	Լ	Դ	Ջ	Ց	Ջ	Ի

ԴԱՇՆԱԿԻՑ
ԴԵՍՊԱՆՈՒԹՅՈՒՆ
ԴԵՍՊԱՆ
ՔԱՂԱՔԱՑԻՆԵՐ
ՔԱՂԱՔԱՑԻԱԿԱՆ
ՀԱՄԱՅՆՔ
ԿՈՆՖԼԻԿՏ

ՔՆՆԱՐԿՈՒՄ
ԷԹԻԿԱ
ՕՏԱՐ
ՀՈՒՄԱՆԻՏԱՐ
ԼԵԶՈՒՆԵՐ
ԲԱՆԱՁԵՒԸ
ԼՈՒԾՈՒՄ

15 - Astronomie

Ճ	Ա	Ռ	Ա	Գ	Ա	Յ	Թ	Ո	Ւ	Մ	Ա	H	Ղ
Ա	Բ	K	Հ	Տ	Ե	Գ	Ա	Ր	Ե	Զ	Ե	Ի	Տ
Ր	Փ	Շ	Խ	Խ	Ր	Ա	Ս	Տ	Ղ	Ա	Գ	Ե	Տ
Ե	Ն	Ի	Յ	Ա	Կ	Ա	Յ	Ն	Ա	Բ	Ր	Ա	Ֆ
Ւ	Հ	Յ	K	Վ	Ի	Ջ	Ն	Ե	Բ	Ո	Ւ	Լ	Ա
Ա	Ր	H	Ջ	Ա	Ր	Մ	Ե	Տ	Ե	Ո	Ր	Ղ	Մ
Յ	Թ	Կ	Չ	Ր	Գ	Ա	Լ	Ա	Ք	Ս	Ի	Ա	Ո
Ի	Ի	Ի	Ի	Ո	Ո	Ջ	Լ	Ո	Ւ	Ս	Ի	Ն	Լ
Ն	Ռ	Օ	Պ	Ւ	Տ	Ի	Ե	Զ	Ե	Ր	Ք	Տ	Ո
Ջ	Չ	Ց	Վ	Մ	Է	Ք	Վ	Ի	Ն	Ո	Ք	Ս	Ր
Ս	Ո	Ւ	Պ	Ե	Ր	Ն	Ո	Վ	Ա	Ֆ	Ն	Ա	Ա
Հ	Ե	Ռ	Ա	Դ	Ի	Տ	Ա	Կ	Ք	Չ	Ւ	Մ	Կ
A	Ռ	Ծ	Չ	Բ	Ե	Ր	Կ	Ի	Ն	Ք	Չ	Դ	Ս
Ճ	Մ	Ջ	Ք	Լ	Ա	Ս	Տ	Ե	Ր	Ո	Ի	Դ	H

ԱՍՏԵՐՈԻԴ
ՏԻԵԶԵՐԱԳԵՏ
ԱՍՏՂԱԳԵՏ
ԵՐԿԻՆՔ
ԽԱՎԱՐՈՒՄ
ԷՔՎԻՆՈՔՍ
ՀՐԹԻՌ
ԳԱԼԱՔՍԻԱ
ԼՈՒՍԻՆ
ՄԵՏԵՈՐ
ՆԵԲՈՒԼԱ
ՄՈԼՈՐԱԿ
ՃԱՌԱԳԱՅԹՈՒՄ
ԱՐԲԱՆՅԱԿԱՅԻՆ
ԱՐԵՒԱՅԻՆ
ՍՈՒՊԵՐՆՈՎԱ
ԵՐԿԻՐ
ՀԵՌԱԴԻՏԱԿ
ՏԻԵԶԵՐՔ

16 - Physique

Ձ	Ա	Բ	Ձ	Ը	Ն	Փ	Ֆ	Ե	Գ	Ա	Ը	Է	Մ
K	Ր	Ս	Չ	Ւ	Ա	Լ	Շ	Ո	Զ	Ր	Ն	Լ	Ի
Վ	Մ	Ո	Լ	Ե	Կ	Ո	Ւ	Լ	Դ	Ա	Դ	Ե	Ջ
Ա	Օ	Ա	Փ	Ձ	Ա	Ը	Շ	Ա	Ք	Գ	Լ	Կ	Ո
Ք	Տ	Ք	Ձ	Ա	Խ	P	Հ	Ս	Մ	Ա	Ա	Տ	Ւ
Ո	Ի	Ո	Դ	Ն	Ո	A	Ֆ	Ր	Ե	Ց	Յ	Ր	Կ
Խ	Ղ	Մ	Մ	Ա	Փ	Կ	Ա	Ե	Խ	Ո	Ն	Ո	Ա
Ռ	Դ	Ժ	Ի	Բ	Ո	Ջ	Ճ	Վ	Ա	Ւ	Ո	Ն	Յ
A	E	Ի	Օ	Ա	Փ	Շ	Ծ	Ի	Ն	Մ	Ւ	Բ	Ի
P	Մ	Հ	Գ	Ձ	Կ	Զ	Յ	Ն	Ի	Ժ	Մ	A	Ն
Մ	Ա	Ս	Ն	Ի	Կ	Ա	Ո	Ւ	Կ	E	Ֆ	Ս	H
Ե	Փ	Ձ	Կ	P	P	Գ	Ն	Ո	Ա	Հ	Ձ	H	Մ
Ի	Զ	Ֆ	Ճ	Ն	Շ	Ա	Ր	Ժ	Ի	Չ	Է	H	Ֆ
Խ	Տ	Ո	Ւ	Թ	Յ	Ո	Ւ	Ն	Ճ	Հ	Վ	Տ	Ռ

ԱՐԱԳԱՑՈՒՄ
ԱՏՈՄ
ՔԱՈՍ
ՔԻՄԻԱԿԱՆ
ԽՏՈՒԹՅՈՒՆ
ԸՆԴԼԱՅՆՈՒՄ
ՓՈՐՁ
ԷԼԵԿՏՐՈՆ
ԲԱՆԱՁԵՒԸ
ԳԱԶ
ՔԱՇԸ
ՄԵԽԱՆԻԿԱ
ՄՈԼԵԿՈՒԼ
ՇԱՐԺԻՉ
ՄԻՋՈՒԿԱՅԻՆ
ՄԱՍՆԻԿ
ՈՒՆԻՎԵՐՍԱԼ
ՓՈՓՈԽԱԿԱՆ

17 - Types de Cheveux

Ճ	Ր	Ֆ	H	Ֆ	Վ	Փ	Չ	Կ	Մ	Ի	E	2	Ր
Ղ	Ա	Ձ	Ե	Ն	Ց	Ա	Ո	Ջ	H	Չ	E	Հ	Ը
Ղ	Գ	Ղ	Խ	Ը	Ւ	Յ	Ր	Ը	Ջ	Ղ	Ո	Ռ	Ա
P	Ւ	Ձ	Ա	2	Ռ	Լ	Պ	Ժ	Ժ	Ծ	Պ	Տ	Ր
Ր	Ռ	Թ	Է	Տ	Ր	Ո	Վ	Ա	Ն	Ւ	Ո	Գ	Ծ
Ծ	Ղ	Ա	A	Ո	Ր	Ւ	Ո	Գ	Ն	Ա	Գ	P	Ա
Վ	E	Ե	Տ	H	P	Ն	Ե	Ը	Շ	H	Վ	2	Թ
Հ	Ա	Ս	Տ	Յ	Ջ	Հ	Փ	Ս	Կ	Մ	Է	Ո	Ր
Շ	Ա	Գ	Ա	Ն	Ա	Կ	Ա	Գ	Ո	Ւ	Յ	Ն	Ա
Մ	Ո	Խ	Ր	Ա	Գ	Ո	Ւ	Յ	Ն	Մ	Մ	Դ	Հ
Հ	Լ	Լ	Վ	Յ	2	Կ	Ւ	Ո	Փ	Ա	Փ	Տ	Ղ
Բ	Ա	Ր	Ա	Կ	Շ	Չ	Ա	Ր	Լ	Բ	Ւ	Մ	Ի
Ս	Պ	Ի	Տ	Ա	Կ	2	Ձ	Ր	Ա	Կ	Ր	Ե	Կ
Դ	Ն	Շ	Ի	Կ	Ա	Հ	Ե	Ր	Ճ	Թ	Ց	Փ	A

ԱՐԾԱԹ
ՍՊԻՏԱԿ
ՇԻԿԱՀԵՐ
ՓԱՅԼՈՒՆ
ՃԱՂԱՏ
ԳՈՒՆԱՎՈՐ
ԿԱՐՃ
ՓԱՓՈՒԿ
ՀԱՍՏ
ԳԱՆԳՈՒՐ
ՄՈԽՐԱԳՈՒՅՆ
ՀԱՐԹ
ԵՐԿԱՐ
ՇԱԳԱՆԱԿԱԳՈՒՅՆ
ԲԱՐԱԿ
ՍԵՎ
ԱՌՈՂՋ
ՉՈՐ

18 - Archéologie

Մ	Ժ	Թ	Յ	Ջ	P	Ա	Ն	Հ	Ա	Յ	Տ	Դ	Հ
Ո	H	Թ	K	Թ	K	Շ	Ի	Ղ	Ժ	Ս	Ժ	Ա	Ա
Ռ	Ի	Ա	E	Ի	Չ	Ե	Հ	K	Ո	Է	Տ	Ր	Ն
Ա	Ր	Ր	Կ	Մ	Ր	Յ	Ժ	K	Ս	Ր	Ե	Ա	Ա
Ց	Ա	Ռ	Ե	Ղ	Ծ	Վ	Ա	Ծ	Կ	K	Գ	Շ	Ծ
Վ	Ճ	Ղ	Գ	Ն	Ա	Ռ	Ա	Ժ	Ո	Մ	Ա	Ր	Ո
Ա	Ա	Շ	Զ	Ֆ	Տ	Ջ	Ռ	H	Ր	K	Զ	Ձ	Թ
Ծ	Տ	Ք	Ճ	Շ	Ժ	Կ	Ր	Ե	Ն	Ի	Ր	Ա	Տ
Ղ	Ո	Տ	Ո	Ջ	Ա	Տ	Ե	Հ	Ե	Է	Ո	Ն	Դ
Պ	Ր	Ո	Ֆ	Ե	Ս	Ո	Ր	Յ	Ր	Հ	Փ	Ղ	Ս
Գ	Ն	Ա	Հ	Ա	Տ	Ո	Ւ	Մ	Բ	Ի	Ջ	K	Ր
Ո	Չ	Գ	Մ	Ա	Ս	Ո	Ւ	Ն	Ք	O	Ճ	Չ	Ջ
Ֆ	Ր	Ա	Գ	Մ	Ե	Ն	Տ	Ն	Ե	Ր	E	Ս	Փ
Հ	Ն	Ո	Ւ	Թ	Յ	Ո	Ւ	Ն	A	Ո	Ց	Դ	Ք

ՀԻՆ
ՏԱՐԻՆԵՐ
ՀՆՈՒԹՅՈՒՆ
ՀԵՏԱԶՈՏՈՂ
ԺԱՌԱՆԳ
ՓՈՐՁԱԳԵՏ
ԴԱՐԱՇՐՋԱՆ
ԹԻՄ
ԳՆԱՀԱՏՈՒՄ
ՀԱՆԱԾՈ

ՖՐԱԳՄԵՆՏՆԵՐ
ԱՆՀԱՅՏ
ԱՌԵՂԾՎԱԾ
ՕԲՅԵԿՏՆԵՐԻ
ՈՍԿՈՐՆԵՐ
ՄՈՌԱՑՎԱԾ
ՊՐՈՖԵՍՈՐ
ՄԱՍՈՒՆՔ
ՏԱՃԱՐ

19 - Mammifères

Դ	Վ	Լ	Ս	Շ	Զ	H	Ձ	Ղ	Ձ	Ց	Ժ	Ս	Փ
Թ	Ե	Զ	Գ	Ղ	Գ	Ֆ	Ր	Դ	Ղ	Հ	Կ	Շ	Ո
P	Ց	Լ	Ւ	Ո	Ց	Ղ	E	Չ	Յ	Է	Թ	Ծ	Ռ
Ջ	Բ	Ծ	Ֆ	Ղ	Փ	Ն	Գ	E	Ծ	Ժ	Տ	Ը	Ճ
Շ	Ո	Ւ	Ն	Ի	Ա	Ղ	Վ	Ե	Ս	Ն	Ր	Ն	Վ
Փ	Ո	Լ	Ժ	Փ	Ն	Գ	Ո	Ր	Ի	Լ	Ա	Ձ	O
E	Զ	Թ	Ծ	Գ	Ֆ	P	Է	Գ	Գ	Ձ	Խ	Ո	Ծ
Ք	Չ	Բ	Կ	Ա	Տ	Ո	Ւ	Ա	Ւ	Ր	Չ	Ւ	Ձ
Ա	Կ	Ժ	H	Փ	A	Գ	Լ	Վ	Ղ	Կ	Ո	Ղ	Ի
Ծ	Ւ	Ո	Յ	Ռ	Ա	Ր	Ա	Գ	Ա	Ճ	Խ	Տ	Ժ
Տ	Ժ	Տ	Յ	Ա	Ր	Ջ	Ճ	Յ	Ա	Ր	Բ	Ե	Զ
H	Ո	Հ	H	Ո	Յ	Մ	Ը	Ֆ	Լ	Ց	Ի	Կ	K
Կ	Ա	Պ	Ի	Կ	Տ	Ի	Գ	Ը	Գ	Թ	Ջ	A	Ո
Ա	Ք	Ա	Չ	P	Կ	Ե	Ն	Գ	Ո	Ւ	Ր	Ո	Ւ

ԿԵՏ
ԿԱՏՈՒ
ՁԻ
ՇՈՒՆ
ԿՈՅՈՏ
ԴԵԼՖԻՆ
ՓԻՂ
ԸՆՁՈՒՂՏ
ԳՈՐԻԼԱ
ԿԵՆԳՈՒՐՈՒ

ՃԱԳԱՐ
ԱՌՅՈՒԾ
ԳԱՅԼ
ՈՉԽԱՐ
ԱՐՋ
ԱՂՎԵՍ
ԿԱՊԻԿ
ՑՈՒԼ
ՎԱԳՐ
ԶԵԲՐԱ

20 - Sports

Ց	Շ	Ս	Բ	Մ	P	Ւ	Է	A	Ք	Ը	A	Դ	A
Բ	Ա	Գ	Յ	Ե	Կ	Ո	Հ	E	Լ	Խ	P	Ղ	Շ
Է	Ր	Ի	E	Թ	Յ	Ռ	Ղ	K	Ո	Խ	Ա	Ո	K
Մ	Ժ	Մ	P	Ռ	Ի	Ս	P	Թ	Ղ	Չ	Ե	Ղ	Ծ
Ց	Ո	Ն	Խ	Ջ	Ր	Մ	Բ	Ծ	Ա	Է	K	Ո	Մ
Թ	Ւ	Ա	Ջ	Չ	Բ	Ը	Է	Ո	Լ	Ո	Պ	Ց	Ա
Ր	Մ	Զ	Ն	Կ	Ո	Ի	Հ	Ֆ	Լ	Ո	Գ	Ա	Ր
Ր	Վ	Ի	Ն	Ա	Ծ	Ե	Հ	Տ	Զ	A	Կ	Ղ	Զ
Ո	Ր	Ա	Ջ	Ս	Ջ	Յ	Ց	Ի	Ի	Պ	O	Ա	Ի
Վ	Ո	Ը	Կ	Ի	Զ	Ր	Ա	Մ	Թ	Ձ	Ե	Խ	Չ
Ա	Ռ	Ա	Ջ	Ն	Ո	Ւ	Թ	Յ	Ո	Ւ	Ն	Գ	Ծ
Տ	Լ	Ռ	Մ	Ե	Հ	Ա	Ղ	Թ	Ո	Ղ	Է	Ղ	Ն
Ա	Կ	Ը	Ք	Թ	Մ	Ա	Ր	Զ	Ա	Դ	Ա	Շ	Տ
Դ	Բ	Ա	Ս	Կ	Ե	Տ	Բ	Ո	Լ	O	K	Դ	Ժ

ԴԱՏԱՎՈՐ
ՄԱՐԶԻԿ
ԲԵՅՍԲՈԼ
ԲԱՍԿԵՏԲՈԼ
ԱՌԱՋՆՈՒԹՅՈՒՆ
ՄԱՐԶԻՉ
ԹԻՄ
ՀԱՂԹՈՂ
ԳՈԼՖ
ԳԻՄՆԱԶԻԱ
ՀՈԿԵՅ
ԽԱՂ
ԽԱՂԱՑՈՂ
ՇԱՐԺՈՒՄ
ԼՈՂԱԼ
ՄԱՐԶԱԴԱՇՏ
ԹԵՆԻՍ
ՀԵԾԱՆԻՎ

21 - Chocolat

Բ	Կ	Ա	Լ	Ո	Ր	Ի	Ա	Ն	Ե	Ր	Դ	Թ	Զ
Յ	Ա	E	Չ	Գ	Ծ	Բ	Վ	Ը	Մ	Ա	Ա	Յ	H
Ա	K	Ղ	Վ	Ս	H	Վ	Ա	Ղ	O	Խ	Ռ	Ա	Զ
Կ	Ջ	Լ	Ա	Յ	O	Ը	Պ	Ղ	P	Է	Ը	Մ	Ը
Ա	Թ	Ձ	Չ	Դ	Ա	Ց	Ֆ	Ճ	Ա	Ց	Լ	Մ	Ֆ
Ք	Դ	Վ	Պ	Պ	Ր	Մ	Ճ	Խ	Փ	Դ	Թ	Յ	Ֆ
Ս	Կ	Ո	Կ	Ո	Ս	Ա	Ը	Չ	Ա	Տ	Ր	Կ	Ա
Ի	Ա	Ս	Ջ	Կ	Ե	Տ	Տ	Ճ	Լ	Ճ	Ց	Ի	Խ
Դ	Ր	Ի	Ե	Ա	Ո	Կ	Ձ	Ո	Ե	Ի	Ղ	Տ	Չ
Ա	Ո	Ր	Դ	Կ	Ք	Կ	Թ	Ք	Մ	Ռ	Ա	Ո	Շ
Ն	Տ	Ա	H	Ա	Է	Վ	Ա	Գ	Ա	Ս	Ք	Ձ	Ա
Տ	Յ	Ծ	A	Ո	Ս	Ց	Վ	Ճ	Ր	Ո	Ը	Կ	Ք
Փ	Ո	Շ	Ի	Յ	Ա	Մ	Ե	Ղ	Ա	A	P	Է	Ա
Բ	Ո	Ւ	Ր	Մ	Ո	Ւ	Ն	Ք	Կ	Յ	Յ	O	Ր

ԴԱՌԸ
ՅԱԿԱՔՍԻԴԱՆՏ
ԲՈՒՐՄՈՒՆՔ
ԿԱԿԱՈ
ԿԱԼՈՐԻԱՆԵՐ
ԿԱՐԱՄԵԼ
ՅԱՄԵՂ
ՔԱՂՑՐ
ԷԿԶՈՏԻԿ
ՍԻՐԱԾ
ՅԱՄ
ԲԱՂԱԴՐԻՉ
ԿՈԿՈՍ
ՓՈՇԻ
ՈՐԱԿ
ԲԱՂԱԴՐԱՏՈՄՍԸ
ՅԱՄԸ
ՇԱՔԱՐ

22 - Mathématiques

Ջ	Ա	Ն	Կ	Յ	Ո	Ւ	Ն	Ն	Ե	Ր	Փ	Ս	Հ
Է	Ք	Ս	Պ	Ո	Ն	Ե	Ն	Տ	P	Վ	Ս	Ի	Ա
Կ	Լ	Ր	Ե	Ն	Ն	Ա	Ճ	Ի	Տ	Ս	Ա	Մ	Վ
Ք	Ա	Ռ	Ա	Կ	Ո	Ւ	Ս	Ի	K	Ք	Շ	Ե	Ա
Ո	Կ	Բ	A	Ց	Ջ	Գ	Ե	Ց	Ի	Փ	Ր	Տ	Ս
Թ	Լ	Ա	Ա	O	Չ	Ե	Ի	Բ	Ն	K	Ջ	Ր	Ա
Բ	Լ	Ո	Տ	K	Ա	Ռ	Ձ	Լ	Ւ	Ք	Ա	Ի	Ր
Ի	Ո	Ժ	Ր	Ճ	Ը	Շ	Ժ	Ո	Ո	Չ	Պ	Ա	Ո
A	Ծ	Ձ	Է	Տ	Է	Ը	Ո	Ջ	Յ	Պ	Ա	Ճ	Ւ
Զ	Ո	Ւ	Գ	Ա	Հ	Ե	Ռ	E	Կ	O	Տ	Չ	Մ
Ռ	Յ	Ն	Ա	Կ	Ա	Դ	Ր	Ո	Ն	Ս	Ա	Տ	Ռ
Վ	Ն	Ւ	Ո	Յ	Թ	Ւ	Ո	Ն	Ա	Բ	Ա	Վ	Թ
Տ	Ր	Ա	Մ	Ա	Գ	Ի	Ծ	Ս	Ռ	Բ	Զ	Մ	Ե
Գ	Ո	Ւ	Մ	Ա	Ր	E	Պ	Ր	Ե	Վ	Թ	Դ	Ա

ԱՆԿՅՈՒՆՆԵՐ
ԹՎԱԲԱՆՈՒԹՅՈՒՆ
ՔԱՌԱԿՈՒՍԻ
ՇՐՋԱՊԱՏ
ԱՍՏԻՃԱՆՆԵՐ
ՏԱՍՆՈՐԴԱԿԱՆ
ՏՐԱՄԱԳԻԾ
ԷՔՍՊՈՆԵՆՏ
ՀԱՎԱՍԱՐՈՒՄ
ՄԱՍ
ԹՎԵՐ
ԶՈՒԳԱՀԵՌ
ՊՈԼԻԳՈՆ
ԳՈՒՄԱՐ
ՈԼՈՐՏ
ՍԻՄԵՏՐԻԱ
ԵՌԱՆԿՅՈՒՆԻ

23 - Sport

Չ	Ւ	Ն	Մ	Ե	Ն	Փ	Ն	Կ	Ք	Ք	Ս	Լ	Ժ
Ո	Ւ	Ժ	Ւ	Ռ	Պ	Ծ	Մ	Չ	Ի	Զ	Ր	Ա	Մ
Լ	Ե	Ր	Ո	Վ	Ա	Ի	Լ	Ե	Վ	Ա	Տ	Ղ	Ա
Ֆ	Պ	Ո	Ց	Տ	Տ	Կ	Փ	Ն	Պ	Վ	Ա	Ո	Ռ
Տ	Ա	Գ	Ւ	Ի	Ա	Տ	Ե	Ի	Դ	Ա	Ն	Լ	Ո
Ո	Ր	Ւ	Ո	Մ	Կ	Ա	Խ	Մ	Ի	Վ	Ո	Ե	Ղ
Ծ	Ս	Հ	Ն	Կ	Կ	Չ	Դ	Ր	Օ	Ն	Թ	Կ	Ջ
Խ	Ր	Կ	Ս	Ք	Զ	Ա	Վ	Ա	Օ	Ա	Ա	Ա	Ո
Ի	Ռ	Ա	Ո	Ջ	Ֆ	Ա	Ն	Մ	Թ	Ծ	Յ	Ն	Ւ
Լ	Յ	Ծ	Գ	Ր	Ժ	H	Ի	Ն	P	Ե	Ի	Կ	Թ
Տ	Զ	Տ	Զ	Ի	Ն	Կ	Խ	K	Ե	Հ	Ն	Ք	Յ
Շ	Ն	Չ	Ե	Լ	Ր	Ե	Կ	Ի	Զ	Ր	Ա	Մ	Ո
Ժ	Ռ	Զ	Գ	Ր	Շ	Տ	Ր	Ո	Պ	Ս	Փ	Է	Ւ
Տ	Ո	Կ	Ո	Ւ	Ն	Ո	Ւ	Թ	Յ	Ո	Ւ	Ն	Ն

ՄԱՐԶԻԿ
ՍՐՏԱՆՈԹԱՅԻՆ
ՄԱՐՄԻՆ
ՀԵԾԱՆՎԱՎԱԶՔ
ՊԱՐ
ԴԻԵՏԱ
ՏՈԿՈՒՆՈՒԹՅՈՒՆ
ՄԱՐԶԻՉ
ՈՒԺ
ՎԱԶՔ
ԱՎԵԼԻԱՎՈՐԵԼ
ՄԿԱՆՆԵՐ
ԼՈՂԱԼ
ՍՆՈՒՑՈՒՄ
ՆՊԱՏԱԿ
ՈՍԿՈՐՆԵՐ
ԾՐԱԳԻՐ
ՇՆՉԵԼ
ԱՌՈՂՋՈՒԹՅՈՒՆ
ՍՊՈՐՏ

24 - Mythologie

L	Խ	Ռ	Ծ	Ա	Ր	Ա	Ր	Ա	Վ	Կ	Վ	Ա	A
Ս	Ե	Պ	Ա	Ե	A	Ղ	Թ	Օ	Ա	Ա	Ր	Ն	Ր
Ֆ	Տ	Գ	Բ	Ջ	Գ	Ե	Յ	Խ	Ր	Յ	Ե	Մ	Բ
K	Է	Ե	Ե	Յ	Մ	Տ	Ւ	Ա	Ք	Ծ	Ժ	Ա	L
Ի	Ք	Ց	Ղ	Ն	Ճ	Ի	Ո	Ն	Ա	Ա	Շ	Հ	A
Ե	Պ	Ծ	Օ	Ծ	Դ	E	Կ	Դ	Գ	Կ	Ն	Ո	Ի
Ն	Ն	Ո	Ք	Ը	Ո	Ֆ	Ա	Ը	Ի	Դ	Ո	Ւ	Ա
H	Ա	Ո	Ւ	Ժ	K	Ւ	Շ	Ճ	Ծ	Փ	E	Թ	Ր
Յ	Կ	Ճ	Կ	Բ	Ժ	Ք	Մ	E	Փ	Ի	Յ	Յ	Ք
Կ	Ա	Խ	Ա	Ր	Դ	Ա	Կ	Ա	Ն	Ձ	Վ	Ո	Ե
Հ	Թ	L	Ա	Բ	Ի	Ր	Ի	Ն	Թ	Ո	Ս	Ւ	Տ
Ր	Ղ	Մ	Ա	Հ	Կ	Ա	Ն	Ա	Ց	Ո	Ւ	Ն	Ի
Ե	Ա	Հ	Ե	Ր	Ո	Ս	Ո	Ր	Ո	Տ	Ձ	Ֆ	Պ
Շ	Հ	Հ	Մ	Խ	Հ	Մ	H	Ֆ	Ֆ	Չ	Ք	Հ	Ե

ԱՐՔԵՏԻՊ
ԱՂԵՏ
ՎԱՐՔԱԳԻԾ
ՍՏԵՂԾՈՒՄ
ԱՐԱՐԱԾ
ՄՇԱԿՈՒՅԹ
ԿԱՅԾԱԿ
ՈՒԺ
ՌԱԶՄԻԿ
ՀԵՐՈՍ
ԱՆՄԱՀՈՒԹՅՈՒՆ
ԽԱՆԴԸ
ԼԱԲԻՐԻՆԹՈՍ
ԼԵԳԵՆԴ
ԿԱԽԱՐԴԱԿԱՆ
ՀՐԵՇ
ՄԱՀԿԱՆԱՑՈՒ
ՈՐՈՍ
ՀԱՂԹԱԿԱՆ
ՎՐԵԺ

25 - Restaurant #2

Ք	Ա	Ռ	Զ	Ա	Ը	Զ	Ց	Ղ	P	Կ	Վ	Ք	Ց
Գ	Պ	Հ	Ը	Հ	Փ	Ձ	Ո	Ւ	E	Զ	Չ	Տ	Չ
Ի	Ո	Ա	Ս	Բ	Հ	Լ	Գ	Ա	Թ	Ո	Ռ	Ջ	P
Ժ	Ւ	Մ	Ղ	Ա	Ք	Ա	Ռ	Ա	Տ	Ա	Պ	A	Շ
Ձ	Ր	Ե	Լ	Ն	A	Դ	Մ	Ա	Տ	Ո	Ր	Թ	Ը
Ջ	Ո	Ղ	Ղ	Ջ	Ղ	Գ	Ի	Ր	Ղ	P	A	Ղ	Մ
Ո	Ի	Ւ	Օ	Ա	Ց	Զ	Ա	A	Գ	A	Ք	Չ	Պ
Ւ	Բ	Ա	Կ	Ր	Ա	Ղ	Ց	Ա	Ն	Ե	Ի	Ս	Ե
Ր	Ր	Ձ	Ն	Ե	Փ	Պ	Է	Ո	Հ	Ս	Ր	Ա	Լ
Ճ	Փ	Ղ	H	Ղ	Ռ	Ց	Ր	Ր	Ֆ	Ռ	Թ	Ռ	Ի
Ա	Ե	Ղ	Թ	Ե	Ս	P	Ղ	Տ	Զ	Ֆ	Ն	Ո	Ք
Շ	Օ	Ւ	Խ	Ն	Պ	Տ	Ն	Զ	Զ	Ձ	Ը	Ւ	Ն
Հ	Ա	Մ	Ե	Մ	Ո	Ւ	Ն	Ք	Ն	Ե	Ր	Յ	Բ
Ղ	Ռ	Մ	Ա	Տ	Ո	Ւ	Ց	Ո	Ղ	Խ	E	Ց	Չ

ԸՄՊԵԼԻՔ
ԱԹՈՌ
ԳԴԱԼ
ՃԱՇ
ՀԱՄԵՂ
ԸՆԹՐԻՔ
ՋՈՒՐ
ՀԱՄԵՄՈՒՆՔՆԵՐ
ՊԱՏԱՌԱՔԱՂ
ՄՐԳԵՐ
ՏՈՐԹ
ՍԱՌՈՒՅՑ
ԲԱՆՋԱՐԵՂԵՆ
ՁՈՒ
ՁՈՒԿ
ԱՂՑԱՆ
ԱՂ
ՄԱՏՈՒՑՈՂ
ԱՊՈՒՐ

26 - Beauté

Շ	Կ	Ե	Թ	Տ	Վ	Ց	K	Թ	K	Ո	Փ	Ձ	Շ
Ա	Գ	Ր	Ա	Ն	Հ	Պ	Ռ	Է	Կ	E	A	Ո	Ք
Մ	Ւ	Ո	Ր	Ա	Դ	Ր	Ա	Հ	Ա	Մ	Ի	Դ	Ե
Պ	Բ	Կ	Ի	Գ	Ր	Ե	E	Դ	Է	Ա	Ձ	Լ	Ղ
Ո	Ո	Բ	Ր	Ե	Ն	Ր	Ւ	Ո	Գ	Ն	Ա	Գ	Ո
Ւ	Ւ	Կ	Դ	Լ	Խ	Չ	Հ	Ճ	Է	Է	H	Փ	Ւ
Ն	Ր	Վ	Օ	Է	Ր	Ջ	Ր	Ա	Ց	Ջ	Չ	Հ	Թ
Մ	Մ	Բ	Ր	Ը	Յ	Հ	Ո	Ֆ	Յ	Պ	Վ	Օ	Յ
Կ	Ո	Օ	Ե	Յ	Ղ	Ա	Ն	K	Չ	Ե	Ն	Ժ	Ո
Ր	Ւ	Պ	Ղ	A	Մ	Ր	Շ	Է	Ք	Փ	Լ	Բ	Ւ
Ա	Ն	Յ	Ւ	Ո	Գ	Թ	Ծ	Կ	Ա	Շ	Ի	Ի	Ն
Տ	Ք	Կ	Ո	Ս	Մ	Ե	Տ	Ի	Կ	Ա	E	Ղ	Ո
Ր	Ը	Ք	Յ	Ա	Մ	Հ	Ս	Տ	Ի	Լ	Ի	Ս	Տ
Ֆ	Ո	Տ	Ո	Գ	Ե	Ն	Ի	Կ	Չ	Ձ	Վ	Շ	Ղ

ԳԱՆԳՈՒՐՆԵՐ
ՀՄԱՅՔԸ
ՄԿՐԱՏ
ԿՈՍՄԵՏԻԿԱ
ԳՈՒՅՆ
ՇՔԵՂՈՒԹՅՈՒՆ
ԷԼԵԳԱՆՏ
ՇՆՈՐՀ
ՅՈՒՂԵՐ
ՀԱՐԹ
ԴԻՄԱՀԱՐԴԱՐՈՒՄ
ՀԱՅԵԼԻ
ԲՈՒՐՄՈՒՆՔ
ԿԱՇԻ
ՖՈՏՈԳԵՆԻԿ
ՇԱՄՊՈՒՆ
ՍՏԻԼԻՍՏ

27 - Avions

Շ	Ջ	E	Ր	Կ	Փ	Ջ	Ֆ	Վ	Դ	Մ	Ժ	Մ	Բ
Ո	K	Ո	Ր	Ե	Ն	Չ	Ի	Ժ	Ր	Ա	Շ	Թ	Ա
Ւ	Փ	K	Խ	Ը	Տ	P	Ե	Ժ	Ո	Դ	Ք	Ն	Ր
Ղ	Մ	Ճ	Շ	Կ	Պ	Յ	Մ	Լ	Ց	Օ	Զ	Ո	Ձ
Ղ	Ք	Ն	Օ	Փ	Զ	Ս	Ջ	Ի	Ն	Դ	Ծ	Լ	Ր
Ո	Ծ	Մ	Ւ	Ո	Գ	Ա	Ծ	Ր	Ա	Ք	Ա	Ո	Ո
Ւ	Դ	Զ	A	Ք	Ի	Լ	Ե	Ռ	Ա	Վ	Ւ	Ր	Ւ
Թ	Է	Ա	Ղ	Ծ	Ռ	Ւ	Ր	Գ	Ո	Ծ	Կ	Տ	Թ
Յ	Շ	Կ	K	Մ	Ւ	Ո	Կ	Ն	Տ	Ա	Ի	Ծ	Յ
Ո	Ռ	Ա	Ս	Տ	Ֆ	Չ	Ի	H	Թ	Կ	Չ	Ն	Ո
Ւ	Ֆ	Ն	Ր	Է	Փ	Ա	Ն	Ճ	Պ	Ր	Ւ	Ղ	Ւ
Ն	Բ	Ձ	Բ	Ժ	Ր	Դ	Ք	Ե	Ն	Ա	Ո	Ը	Ն
Ն	Ձ	Ն	Ի	Ի	Ի	Օ	Ճ	Գ	Ֆ	Յ	Փ	Ժ	Ը
Զ	Յ	Ա	Ռ	Թ	Վ	Չ	Փ	Լ	Տ	Ձ	Խ	Ո	Ձ

ՕԴ
ՄԹՆՈԼՈՐՏ
ՏՆԿՈՒՄ
ԱՐԿԱՃ
ՓՈՒՉԻԿ
ՎԱՌԵԼԻՔ
ԵՐԿԻՆՔ
ԾԱԳՈՒՄ
ՈՒՂՂՈՒԹՅՈՒՆ
ԱՆՁՆԱԿԱԶՄ
ՓՉԵԼ
ԲԱՐՁՐՈՒԹՅՈՒՆԸ
ՇԱՐԺԻՉՆԵՐ
ՋՐԱԾԻՆ
ՇԱՐԺԻՉ
ԱՆՑՈՐԴ
ՕԴԱՉՈՒ

28 - Ville

Ե	Դ	Ս	Տ	Թ	Լ	Չ	Բ	H	Վ	Փ	Բ	Պ	Օ
Գ	Ե	Ո	Ն	Ի	Կ	Դ	Ր	Շ	Հ	E	Փ	Ա	Դ
Ո	Ղ	Ւ	Խ	Է	Պ	Ճ	Բ	Տ	Ն	Ռ	Տ	Տ	Ա
Ւ	Ա	Պ	Թ	Ջ	H	Յ	Թ	Շ	K	Ն	Օ	Կ	Ն
Յ	Տ	Ե	Հ	Գ	Ր	Ա	Դ	Ա	Ր	Ա	Ն	Ե	Ա
Ն	Ո	Ր	Ա	Յ	Ս	Բ	Տ	Դ	Ւ	Ր	Ա	Ր	Վ
Ձ	Ւ	Մ	Ր	Շ	Ո	Ե	Ջ	Ա	Բ	Ա	Ր	Ա	Ա
Ս	Ն	Ա	Ս	Յ	Ց	Ւ	Ջ	Ձ	Ա	Գ	Ո	Ս	Կ
Ց	Ո	Ր	Պ	Դ	Գ	Ւ	Ր	Ր	Ն	Ն	Տ	Ր	Ա
Շ	Ա	Կ	Ի	Ն	Ի	Լ	Կ	Ա	Կ	Ա	Ս	Ա	Յ
Ո	Ն	Ե	Ս	Ղ	A	P	Ի	Մ	Ն	Թ	Ե	Հ	Ա
Ւ	Ք	Տ	Թ	Ա	Տ	Ր	Ո	Ն	Ջ	Ո	Ռ	Խ	Ն
Կ	Լ	Գ	Բ	Է	Հ	Ա	Ց	Ի	Ս	Ն	Ց	Ձ	Ձ
Ա	Գ	Ր	Ա	Խ	Ա	Ն	Ո	Ւ	Թ	Ւ	E	Ժ	Յ

ՕՂԱՆԱՎԱԿԱՅԱՆ
ԲԱՆԿ
ԳՐԱԴԱՐԱՆ
ՀԱՑԻ
ԿԻՆՈ
ԿԼԻՆԻԿԱ
ԴՊՐՈՑ
ԳՈՒՅՆ
ՊԱՏԿԵՐԱՍՐԱՀ
ՀՅՈՒՐԱՆՈՑ
ԳՐԱԽԱՆՈՒԹ
ՇՈՒԿԱ
ԹԱՆԳԱՐԱՆ
ԴԵՂԱՏՈՒՆ
ՌԵՍՏՈՐԱՆ
ՍՐԱՀ
ՄԱՐԶԱԴԱՇՏ
ՍՈՒՊԵՐՄԱՐԿԵՏ
ԹԱՏՐՈՆ

29 - Ingénierie

Ո	Մ	Դ	Հ	Ա	Շ	Վ	Ա	Ր	Կ	Չ	Է	Ւ	Շ
Մ	Ւ	Ո	Խ	Շ	Ա	Բ	Ժ	Դ	A	Ա	Ն	Ւ	Ի
Ն	Ւ	Ո	Յ	Կ	Ն	Ա	Ճ	Տ	Ղ	Փ	Ե	Պ	Ն
Ն	Ւ	Ո	Յ	Թ	Ւ	Ո	Ր	Ո	Խ	Ո	Ր	Լ	Ա
Ո	Ւ	Ժ	Ժ	Մ	Ե	Ք	Ե	Ն	Ա	Ւ	Գ	Ջ	Ր
Չ	Ա	Փ	Ե	Ր	Ը	K	Ա	Ե	Ւ	Մ	Ի	Շ	Ա
Ո	Ծ	Խ	Ք	Ծ	Ա	Վ	Ց	Ւ	Ո	Ռ	Ա	Կ	Ր
Փ	Ջ	Ղ	K	Գ	Ճ	Շ	Գ	Թ	Ֆ	Ղ	Բ	Է	Ա
Կ	Ա	Յ	Ո	Ւ	Ն	Ո	Ւ	Թ	Յ	Ո	Ւ	Ն	Կ
Ւ	Դ	Շ	Բ	Դ	Մ	Ո	Տ	Ո	Ր	Զ	Բ	Ւ	Ա
Ո	Տ	Վ	Դ	Ծ	Ի	Գ	Ա	Մ	Ա	Ր	Տ	P	Ն
Ղ	Ա	Ս	Բ	Փ	Տ	Զ	Ա	Ռ	Ա	Ն	Ց	Ք	Ճ
Ե	Օ	Տ	Ի	A	Ն	Ր	Ե	Ն	Կ	Ա	Ծ	Լ	Լ
Հ	Դ	Ի	Ա	Գ	Ր	Ա	Մ	Լ	Պ	Զ	Չ	A	Լ

ԱՆԿՅՈՒՆ
ԱՌԱՆՑՔ
ՀԱՇՎԱՐԿ
ՇԻՆԱՐԱՐԱԿԱՆ
ԴԻԱԳՐԱՄ
ՏՐԱՄԱԳԻԾ
ԴԻԶԵԼ
ՉԱՓԵՐԸ
ԲԱՇԽՈՒՄ
ԷՆԵՐԳԻԱ
ՈՒԺ
ԼԾԱԿՆԵՐ
ՀԵՂՈՒԿ
ՄԵՔԵՆԱ
ՉԱՓՈՒՄ
ՄՈՏՈՐ
ԽՈՐՈՒԹՅՈՒՆ
ՇԱՐԺՈՒՄ
ԿԱՅՈՒՆՈՒԹՅՈՒՆ
ԿԱՌՈՒՑՎԱԾՔ

30 - Énergie

Վ	Է	Մ	Ն	Ա	Կ	Ա	Ր	Տ	Կ	Ե	Լ	Է	Ջ
Ե	Լ	Մ	Ի	Ի	Ծ	Ռ	Ք	Ժ	K	Ս	Բ	Ֆ	Թ
Ր	Ե	Լ	Յ	Ջ	Ց	Խ	Ջ	Ր	Ա	Ծ	Ի	Ն	Վ
Ա	Կ	Ճ	Ա	Ի	Ո	Գ	Ա	Յ	Վ	Շ	Մ	Ո	Ա
Կ	Տ	P	Մ	Ռ	Կ	Ւ	Ե	Ծ	Է	Ջ	Ա	Տ	Ռ
Ա	Ր	Ս	Ր	Ջ	Տ	K	Կ	Ս	Ի	Պ	Ք	Ո	Ե
Ն	Ո	Ա	Ե	Փ	Ր	Շ	Գ	Ա	Չ	Ն	Շ	Ֆ	Լ
Գ	Ն	Բ	Ջ	Չ	Ա	Պ	K	Ի	Յ	Ն	Ո	Կ	Ի
Ն	Ը	Ւ	Թ	A	Մ	Է	Բ	Ջ	Բ	Ի	Գ	Ղ	Ք
Վ	Զ	Ո	Ւ	Յ	Գ	Ա	Զ	Ռ	Ո	Բ	Ն	Ն	Ր
Ո	Բ	Ե	Ն	Զ	Ի	Ն	Ր	Ս	Ժ	Ր	Ո	Ը	H
Ղ	K	Ֆ	Մ	Ո	Տ	Ո	Ր	Ե	Պ	Ւ	Ձ	Թ	Ջ
Խ	Դ	Ի	Զ	Ե	Լ	Թ	P	Ց	Ւ	Ո	Ֆ	Չ	Մ
Է	Ն	Տ	Ր	Ո	Պ	Ի	Ա	A	H	Տ	Ձ	Չ	P

ՄԱՐՏԿՈՑ
ԱԾԽԱԾԻՆ
ՎԱՌԵԼԻՔ
ՇՈԳ
ԴԻԶԵԼ
ԷՆՏՐՈՊԻԱ
ԲԵՆԶԻՆ
ԷԼԵԿՏՐԱԿԱՆ
ԷԼԵԿՏՐՈՆ
ՋՐԱԾԻՆ
ՄՈՏՈՐ
ՄԻՋՈՒԿԱՅԻՆ
ՖՈՏՈՆ
ՎԵՐԱԿԱՆԳՆՎՈՂ
ԱՐԵՒ
ՋԵՐՄԱՅԻՆ
ՏՈՒՐԲԻՆ
ԶՈՒՅԳ
ՔԱՄԻ

31 - Corps Humain

Կ	Շ	E	Վ	Դ	H	Բ	Տ	Ց	Ց	A	A	Է	Ւ
Ա	Ո	Ր	Ֆ	Է	Ի	Շ	Ա	Կ	O	Ծ	Շ	K	Չ
Զ	Ց	Ճ	Թ	Ի	Ք	Ն	Մ	Կ	Վ	Դ	Կ	A	Վ
Կ	Ա	Բ	Տ	Ն	Ղ	Ռ	K	Է	Ա	Ջ	Փ	Ծ	Ր
Ա	Ր	Յ	Ա	Ն	Ե	Ձ	Ե	Ռ	Ք	Ն	Հ	Կ	Է
Ե	Ի	Ա	Թ	Ւ	Ղ	Ր	Չ	Մ	Մ	Ր	Ջ	Մ	Ճ
K	Ր	Ք	Ք	Ո	Ւ	Ռ	Կ	Մ	Ե	Խ	Չ	Պ	Ծ
P	Ց	Ց	Խ	Յ	Ո	P	Շ	Յ	Դ	Ո	E	Կ	Ն
Ծ	Փ	Ռ	Ջ	Կ	Գ	Լ	Ո	Ւ	Խ	Ֆ	Ս	Ւ	Ո
Ն	Ս	P	Ն	Ն	Ս	Տ	Ա	Մ	Ո	Ք	Ս	Ի	Տ
Կ	Ի	Պ	Ի	Ա	A	Ւ	P	E	Բ	Ե	Ր	Ա	Ն
Ի	Ր	Փ	H	Ճ	Է	Պ	Ա	Ր	Ա	Ն	Ո	Ց	Ի
Ծ	Տ	Վ	Ծ	Ղ	Տ	Խ	Ճ	Ս	Ճ	Ն	Բ	Հ	P
P	Դ	Մ	Չ	Ձ	A	Ւ	Ի	Ց	Ղ	Վ	P	Լ	Ղ

ԲԵՐԱՆ
ՈՒՂԵՂ
ԿՈՃ
ՊԱՐԱՆՈՑ
ԱՆԿՅՈՒՆ
ՍԻՐՏ
ՄԱՏ
ՍՏԱՄՈՔՍԻ
ՈՒՍ
ԾՆԿԻ

ՇՐԹՆԵՐԿ
ՁԵՌՔ
ԾՆՈՏ
ԿԶԱԿ
ՔԻԹ
ԱԿԱՆՋ
ԿԱՇԻ
ԱՐՅԱՆ
ԳԼՈՒԽ
ԴԵՄՔ

32 - Épices

Ս	K	Ս	H	Թ	Կ	Տ	Ե	Ծ	Է	Շ	Դ	Ն	Դ
Ի	Խ	Դ	Ո	P	Ո	Թ	Գ	Ջ	Վ	Ժ	Ա	Ւ	Մ
Ն	Գ	Տ	Ե	Խ	Ճ	Դ	Ո	Ո	Չ	Զ	Ր	Ժ	Լ
Ա	Ժ	Դ	Ո	Ի	Ա	Ղ	Ա	Ն	Բ	Յ	Չ	Ջ	A
Դ	Ա	Կ	Ի	Ր	Պ	Ա	Պ	Ռ	Լ	Ւ	Ի	Ն	Վ
Թ	Թ	Ո	Ւ	Ր	Ղ	Ա	Շ	Կ	Ը	Ո	Ն	Ա	Զ
Ի	Հ	Ի	Լ	Ա	Պ	Բ	Մ	Ծ	Շ	Կ	Մ	Ր	Շ
Մ	Հ	Գ	A	Կ	Ե	Ր	Գ	Ւ	Ո	Ն	Ե	Ֆ	Մ
Ա	Ո	Ֆ	Զ	Բ	Ղ	E	Ճ	Է	Φ	Ը	Մ	Ա	Հ
Ս	A	Դ	Դ	Չ	Ե	Շ	Յ	Զ	Գ	Կ	Ա	Զ	Չ
K	Է	Ո	Չ	Ձ	Պ	Լ	Գ	Ը	Հ	Շ	Հ	Ճ	Ա
Ռ	Ր	Է	Է	Շ	Ղ	Ժ	Ք	Ը	Լ	Մ	Է	Հ	Մ
E	Ջ	Մ	Ջ	Բ	Պ	Ի	Ց	Ֆ	Թ	Ձ	Ւ	Ի	Ա
Շ	Հ	Դ	P	Վ	Ա	Ն	Ի	Լ	Ա	Յ	Ի	Ն	Ն

ԹԹՈՒ
ՍԽՏՈՐ
ԴԱՌԸ
ԱՆԻՍ
ԴԱՐՉԻՆ
ՀԻԼ
ՀԱՄԵՄ
ՉԱՄԱՆ
ԿԱՐՐԻ
ՍԱՄԻԹ
ՖԵՆՈՒԳՐԵԿ
ԿՈՃԱՊՂՊԵՂ
ՄՇԿԸՆԿՈՒՅԶ
ՍՈԽ
ՊԱՊՐԻԿԱ
ՊՂՊԵՂ
ԶԱՖՐԱՆ
ՀԱՄԸ
ԱՂ
ՎԱՆԻԼԱՅԻՆ

33 - Science

Հ	Ձ	Մ	Ա	Ս	Ն	Ի	Կ	Ն	Ե	Ր	Կ	Ր	Ց
Ի	Լ	Ւ	Ճ	Կ	Ա	Ա	E	Ի	Մ	Ե	Թ	Ո	Դ
Փ	Ֆ	Ո	Ց	Լ	Կ	Ձ	Պ	Յ	Զ	Ն	Դ	Լ	Ց
Ո	Մ	Կ	K	Ի	Ա	Կ	Փ	Ա	Ի	Լ	Բ	Ա	Ք
Թ	Ծ	Ր	Ր	Մ	Ի	Խ	Ո	Ք	Ն	Ւ	Ն	Բ	Խ
Ե	Գ	Ա	Ե	Ա	Մ	Խ	Ր	Ն	Ա	Ո	Ո	Ո	Է
Ք	Ի	Տ	Ն	Վ	Ի	Ր	Ձ	Ա	Գ	Կ	Ւ	Ր	Վ
Ա	Տ	Ի	Լ	Ա	Ք	Ե	Ց	Հ	Ր	Ե	Թ	Ա	Ո
Յ	Ն	Դ	Ա	P	Հ	Ս	Ֆ	Լ	Օ	Լ	Յ	Տ	Լ
Ի	Ա	Ը	Յ	Ա	Մ	Յ	Ֆ	Ի	Ն	Ո	Ո	Ո	Ո
Ն	Կ	Ն	Վ	Ս	Տ	Ւ	Լ	Ը	Զ	Մ	Ւ	Ր	Ւ
Զ	Ա	Ֆ	Տ	Ր	Ս	Ո	Խ	Ճ	Ը	Ի	Ն	Ի	Ց
Զ	Ն	Յ	Վ	Գ	Ա	Բ	Մ	Ռ	Ե	Յ	Կ	Ա	Ի
Հ	Ը	Ի	P	H	Փ	Է	Գ	Ե	Ւ	Յ	Ք	Ա	Ա

ԱՏՈՄ
ՔԻՄԻԱԿԱՆ
ԿԼԻՄԱ
ՏՎՅԱԼՆԵՐ
ՓՈՐՁ
ԷՎՈԼՈՒՑԻԱ
ՓԱՍՏ
ՀԱՆԱԾՈ
ՀԻՓՈԹԵՔԱՅԻՆ
ԼԱԲՈՐԱՏՈՐԻԱ
ՄԵԹՈԴ
ՀԱՆՔԱՅԻՆ
ՄՈԼԵԿՈՒԼՆԵՐ
ԲՆՈՒԹՅՈՒՆ
ԴԻՏԱՐԿՈՒՄ
ՕՐԳԱՆԻԶՄ
ՄԱՍՆԻԿՆԵՐ
ՖԻԶԻԿԱ
ԲՈՒՅՍԵՐ
ԳԻՏՆԱԿԱՆ

34 - Vêtements

Ձ	Կ	Ո	Շ	Ի	Կ	Ղ	O	Յ	Ց	Վ	Զ	Լ	Չ
Մ	Ե	Տ	Բ	Ծ	Ծ	Ջ	E	Ք	Դ	Ե	Ա	Ց	Ս
Ռ	Տ	Ռ	H	Ա	Է	Գ	Ի	Շ	Լ	Ր	Ր	Վ	Ո
Փ	Ե	Շ	Ն	Մ	Է	O	Ս	Ն	Տ	Ն	Դ	Տ	Գ
Կ	Վ	Ձ	Տ	Ա	Բ	Ա	Տ	Ց	Ս	Ա	Ե	Յ	Գ
E	Զ	Ժ	P	Ժ	Ց	Ղ	K	Խ	Ե	Շ	Ր	H	Լ
Է	Ն	Ւ	Ւ	Ի	Չ	Ո	Ո	Ճ	Գ	Ա	Դ	Բ	Խ
Ն	Ո	Ը	Ո	Պ	Ռ	Շ	Ղ	Ք	Զ	Պ	Պ	Ա	Ա
Ռ	Ց	Ր	Կ	Լ	Ռ	Ա	Լ	Ն	Շ	Ի	Գ	Ճ	Ր
Մ	H	Ճ	Ր	Զ	Բ	Ր	Ֆ	A	Ե	Կ	Ո	Կ	Կ
E	Ց	Է	Ա	Ճ	Ի	Ֆ	Կ	Դ	Ժ	Ր	Տ	Ո	Տ
Ա	Պ	Ա	Ր	Ա	Ն	Ջ	Ա	Ն	Յ	Ղ	Ի	Ն	Խ
Ժ	Ա	Ր	Ե	Տ	Ի	Վ	Ս	Գ	Ո	Գ	Ն	Ո	Ց
Ց	Ղ	Ք	Վ	Ս	Ա	Ն	Դ	Ա	Լ	Ն	Ե	Ր	Խ

ԶԱՐԴԵՐ
ԱՊԱՐԱՆՋԱՆ
ԳՈՏԻ
ԳԼԽԱՐԿ
ԿՈՇԻԿ
ՎԵՐՆԱՇԱՊԻԿ
ԲԼՈՒԶ
ՎԶՆՈՑ
ՇԱՐՖ
ՁԵՌՆԱՑՈՂՆԵՐ
ՋԻՆՍ
ՓԵՇ
ՎԵՐԱՐԿՈՒ
ՏԱԲԱՏ
ՍՎԻՏԵՐ
ՊԻԺԱՄԱ
ԶԳԵՍՏ
ՍԱՆԴԱԼՆԵՐ
ԳՈԳՆՈՑ
ԲԱՃԿՈՆ

35 - Arts Visuels

Պ	Չ	Կ	Ձ	H	Ր	Թ	Զ	Գ	Պ	Ք	Լ	Ռ	Ր
Մ	Ր	A	A	Կ	Ֆ	Ք	Է	Լ	Ա	Ը	Ո	Թ	Ծ
Լ	Ա	Կ	Ւ	Ց	Զ	Կ	Ժ	Ո	Տ	Փ	Ւ	Պ	Ք
Ի	Կ	Տ	Ձ	Ւ	Վ	Ա	Շ	Ւ	Կ	Ա	Ս	Ձ	Ը
Ֆ	Ն	Ի	Ի	Ի	Շ	Զ	Ա	Խ	Ե	Յ	Ա	Շ	Ձ
Կ	Ա	Վ	Ռ	Տ	Յ	Մ	Բ	Գ	Ր	Տ	Ն	E	Ե
Ն	Կ	Ա	Ր	Ի	Չ	Ը	Լ	Ո	Ա	Ա	Կ	Մ	Ռ
Գ	Ր	Ի	Չ	K	P	Ս	Ո	Ր	Կ	Ծ	Ա	Ո	Ա
Թ	O	Կ	Կ	Յ	Ճ	E	Ն	Ծ	Ն	Ո	Ր	Մ	Ն
Կ	Ե	Ր	Ա	Մ	Ի	Կ	Ա	Ո	Ա	Ւ	Ր	Ւ	Կ
Ց	Ձ	O	Դ	Պ	Վ	Ի	Ս	Ց	Մ	Խ	Լ	Մ	Ա
A	Ը	Ը	Ն	Ը	Ա	Պ	Ժ	Ց	Ի	Ս	Ձ	Ա	Ր
Լ	Դ	Դ	Ա	Ո	Կ	Ղ	H	Դ	Դ	Լ	Վ	Ն	Ք
K	H	Ժ	Ք	Ջ	Ք	Պ	Դ	Վ	Ջ	K	Ղ	Ծ	Գ

ԿԱՎ
ՆԿԱՐԻՉ
ԿԵՐԱՄԻԿԱ
ՓԱՅՏԱԾՈՒԽ
ԳԼՈՒԽԳՈՐԾՈՑ
ՊԱՏԿԵՐ
ՄՈՄ
ԿԱԶՄԸ
ԿԱՎԻՃ
ՄԱՏԻՏ
ՖԻԼՄ
ՆԿԱՐ
ՁԵՌԱՆԿԱՐ
ԼՈՒՍԱՆԿԱՐ
ՇԱԲԼՈՆ
ԴԻՄԱՆԿԱՐ
ՔԱՆԴԱԿ
ԳՐԻՉ
ԼԱՔ

36 - Méditation

Ե	Ե	Ր	Ջ	Ա	Ն	Կ	Ո	Ւ	Թ	Յ	Ո	Ւ	Ն
Ը	Ր	Ե	Ք	Տ	Մ	Փ	Ջ	Ե	Ջ	Ի	Մ	Ռ	Ւ
Ք	Ն	Ա	Ց	Կ	Ե	Ր	Ա	Կ	Ը	P	Ն	Հ	Ո
Տ	Հ	Ռ	Ժ	Դ	Ի	Տ	Ա	Ր	Կ	Ո	Ւ	Մ	Յ
Ի	Ե	Ս	Ա	Շ	Շ	Ա	Ր	Ժ	Ո	Ւ	Մ	H	Թ
Մ	Ռ	Մ	Ո	E	Տ	Ս	Ի	Գ	Ն	Ա	Հ	Ճ	Ւ
Խ	Ա	Տ	Ռ	Վ	Ա	Ո	Ժ	Ռ	Դ	P	Ր	Թ	Ո
P	Ն	Ա	Մ	Ւ	Ո	Ն	Ւ	Ո	Դ	Ն	Ը	H	Ն
Ա	Կ	Վ	Փ	Զ	Ա	Ր	K	Թ	Խ	O	K	Ծ	Բ
P	Ա	Ո	Ը	Հ	Դ	Է	Ե	Խ	Յ	Բ	Ա	Ծ	Մ
Զ	Ր	Ր	Բ	Դ	Ռ	Ժ	Վ	L	Ջ	Ո	Բ	Ա	Փ
Պ	Ա	Ր	Չ	Ո	Ւ	Թ	Յ	Ո	Ւ	Ն	Ւ	Դ	Ֆ
Խ	Ա	Ղ	Ա	Ղ	Ո	Ւ	Թ	Յ	Ո	Ւ	Ն	Ն	Կ
Շ	Ն	Չ	Ա	Ռ	Ո	Ւ	Թ	Յ	Ո	Ւ	Ն	Ց	Ժ

ԸՆԴՈՒՆՈՒՄ
ՍՈՎՈՐԵԼ
ԵՐՋԱՆԿՈՒԹՅՈՒՆ
ՀԱՆԳԻՍՏ
ՊԱՐՉՈՒԹՅՈՒՆ
ԿԱՐԵԿՑԱՆՔ
ՄԻՏՔ
ՑՆԴԱԾ
ՄՏԱՎՈՐ
ՇԱՐԺՈՒՄ
ԵՐԱԺՇՏՈՒԹՅՈՒՆ
ԲՆՈՒԹՅՈՒՆ
ԴԻՏԱՐԿՈՒՄ
ԽԱՂԱՂՈՒԹՅՈՒՆ
ՄՏՔԵՐԸ
ՀԵՌԱՆԿԱՐ
ՇՆՉԱՌՈՒԹՅՈՒՆ

37 - Nourriture #1

E	Խ	Դ	Պ	Ժ	Ե	L	Ա	Կ	A	Դ	Ռ	Փ	Ս
Գ	Չ	Ը	Ն	Ո	Ր	S	Ի	Կ	Ս	Ռ	Ր	Խ	Ո
Ձ	Ն	Հ	Յ	Ղ	Ր	Ա	Շ	Խ	Ո	Ս	Ւ	Է	Ւ
Չ	Ի	Ն	Ե	Ճ	Ծ	Ն	Է	Ա	Ն	Ւ	Ո	Թ	Ր
Ի	Չ	Ա	Կ	Ծ	Ջ	Ձ	Թ	Ն	Ք	Ը	Պ	Վ	Ճ
Դ	Ր	Ց	Թ	Փ	Ր	Ա	Զ	Ա	Գ	Ա	Ա	Ն	Ձ
Շ	Ա	Ղ	Գ	Ա	Մ	Ո	Խ	Պ	Դ	Ի	Ր	Ա	Գ
Ե	Դ	Ա	Ֆ	K	Մ	O	Մ	Ս	Ի	Մ	Ո	Հ	K
Հ	Խ	Ա	Ղ	K	Հ	Վ	A	Ծ	Չ	Ս	S	Ե	Ի
H	Հ	Ր	Չ	Վ	Ք	Յ	Ր	Ժ	Ծ	Շ	Խ	Ռ	Ջ
Ը	Չ	Գ	Մ	Ֆ	A	K	Ո	Ո	Ռ	Ժ	Ս	Է	Է
Փ	P	Ջ	Փ	A	A	Չ	Թ	Ւ	P	Ջ	Ը	Ղ	Բ
S	E	Փ	Ւ	O	Ղ	Զ	Ր	Ծ	Թ	Ա	Կ	Ժ	K
Ա	Չ	L	E	Թ	L	Բ	Ը	Ե	Դ	Թ	Ճ	Խ	Է

ՍԽՏՈՐ
ՌԵՀԱՆ
ՍՈՒՐՃ
ԴԱՐՉԻՆ
ԳԱԶԱՐ
ԿԻՏՐՈՆ
ՍՊԱՆԱԽ
ԵԼԱԿ
ՀՅՈՒԹ
ԿԱԹ
ՇԱՂԳԱՄ
ՍՈԽ
ԳԱՐԻ
ՏԱՆՁ
ԱՂՑԱՆ
ԱՂ
ԱՊՈՒՐ
ՇԱՔԱՐ
ԹՈՒՆԱ
ՄԻՍ

38 - Jours et Mois

Ձ	Գ	Փ	Դ	Ջ	Ս	Ի	Ն	Ւ	Ո	Հ	Ր	Ե	P
Ո	Դ	Ե	Ց	Խ	Ի	Թ	Բ	Ա	Շ	Ք	Ե	Ր	Ե
Ր	Տ	Տ	Թ	Մ	Լ	Ի	Ր	Պ	Ա	Ց	Բ	Կ	Օ
Ե	Ս	Ր	Ց	Յ	Ւ	Ո	Ց	Ա	Ր	Օ	Մ	Ո	Գ
Ք	Ե	Վ	Դ	Թ	Ո	Պ	Ի	Ւ	P	Հ	Ե	Ւ	Ո
Շ	Պ	Ա	Ե	Հ	Հ	Ո	Պ	Ր	Շ	Ո	Տ	Շ	Ս
Ա	Տ	Ր	Կ	Ն	Ի	Է	Փ	P	Ա	Ւ	Կ	Ա	Տ
Բ	Ե	Ո	Տ	Ո	Մ	Ն	Մ	Ւ	Բ	Ն	Ո	Բ	Ո
Թ	Մ	Ւ	Ե	Յ	Խ	Ի	Գ	Ց	Ա	Վ	Հ	Թ	Ս
Ի	Բ	Ր	Մ	Ե	H	Կ	Մ	Շ	Թ	Ա	Գ	Ի	Ի
Ս	Ե	Բ	Բ	Մ	Մ	Ա	Ր	Տ	Ա	Ր	Ջ	Հ	Մ
Գ	Ր	Ա	Ե	Բ	Ղ	Ր	Ե	Փ	Ե	Բ	Ը	Փ	Ա
Լ	K	Թ	Ր	Ե	Շ	Ի	Թ	Լ	Չ	Ֆ	Թ	Դ	Ջ
E	Հ	Դ	Ո	Ր	Ր	Կ	K	Ր	Վ	Չ	Փ	Ի	Ւ

ՕԳՈՍՏՈՍ
ԱՊՐԻԼ
ՕՐԱՑՈՒՅՑ
ԴԵԿՏԵՄԲԵՐ
ԿԻՐԱԿԻ
ՓԵՏՐՎԱՐ
ՀՈՒՆՎԱՐ
ՀԻՆԳՇԱԲԹԻ
ՀՈՒԼԻՍ
ՀՈՒՆԻՍ
ԵՐԿՈՒՇԱԲԹԻ
ԵՐԵՔՇԱԲԹԻ
ՄԱՐՏ
ՉՈՐԵՔՇԱԲԹԻ
ԱՄԻՍ
ՆՈՅԵՄԲԵՐ
ՀՈԿՏԵՄԲԵՐ
ՇԱԲԱԹ
ՍԵՊՏԵՄԲԵՐ
ՈՒՐԲԱԹ

39 - Championnat

Տ	Ք	Ք	Ջ	Փ	K	Կ	Շ	E	E	Խ	Ա	L	Վ
Ո	Ա	Ր	Ո	Վ	Ա	Տ	Ա	Դ	Ե	Ի	H	Ջ	L
Կ	Ռ	Ա	Տ	Ե	Չ	Ր	Ա	Փ	Ա	Կ	Ի	Զ	Ե
Ո	Ա	Ճ	Մ	Ի	Յ	Փ	Գ	Մ	Ա	Ր	Չ	Ի	Զ
Ւ	Ջ	Ա	Ո	Ս	Ն	Ն	Ի	Ւ	Ի	Զ	E	A	Է
Ն	Ն	Ց	Տ	Պ	Ո	Ք	L	Ո	Ւ	Թ	Ջ	Ք	Վ
Ո	Ո	Ր	Ի	Ո	Ի	Ւ	L	Ց	Խ	Ա	Ղ	Ե	Ր
Ւ	Ւ	Մ	Վ	Ր	Պ	Ս	Ե	Ա	Ր	Մ	L	Ա	Գ
Թ	Թ	Թ	Ա	Տ	Մ	Կ	Զ	Յ	Դ	Ն	P	Յ	Է
Յ	Յ	Ծ	Ց	Ն	Ե	Յ	Ն	Ա	Ֆ	Ե	Շ	Բ	E
Ո	Ո	Տ	Ի	Ժ	Զ	Զ	Շ	Կ	Խ	Ժ	Մ	P	Ո
Ւ	Ւ	Ջ	Ա	H	Ւ	Յ	Ջ	Ր	Հ	Ռ	Ս	Ժ	Խ
Ն	Ն	H	Զ	Ն	A	Ք	Շ	Ե	Ո	Շ	Բ	Հ	Ը
Օ	Ֆ	Ր	Օ	Չ	Ց	Կ	Ա	Ն	Ա	Թ	Ղ	Ա	Հ

ՉԵՄՊԻՈՆ
ԱՌԱՋՆՈՒԹՅՈՒՆ
ՏՈԿՈՒՆՈՒԹՅՈՒՆ
ՄԱՐԶԻԶ
ԹԻՄ
ԵԶՐԱՓԱԿԻՉ
ԽԱՂԵՐ
ԴԱՏԱՎՈՐ
ԼԻԳԱ
ՄԵԴԱԼ
ՄՈՏԻՎԱՑԻԱ
ՆԵՐԿԱՅԱՑՈՒՄ
ՇՆՉԵԼ
ՍՊՈՐՏ
ՄՐՑԱՇԱՐ
ՔՐՏԻՆՔ
ՀԱՂԹԱՆԱԿ

40 - Jardinage

Բ	Է	Կ	Զ	Ո	Տ	Ի	Կ	Ճ	Կ	Ք	Ո	Ս	Պ
Խ	Ո	Պ	K	Ն	Ի	Յ	Ա	Ն	Ո	Զ	Ե	Ս	Ա
P	Ո	Ւ	Տ	Ե	Ր	Ե	Ւ	Ք	Ն	Ս	Ր	Ք	Ր
Լ	Ր	Ն	Ս	Թ	Ք	Զ	Ձ	Կ	Տ	Ղ	Ե	Կ	Ա
Ղ	Յ	Ձ	Ա	Ա	Հ	Ը	Խ	Լ	Ե	Ք	Մ	Հ	Ր
Ժ	Ծ	Շ	Լ	Վ	Ն	Ւ	Ր	Ի	Յ	Կ	Ր	Ծ	Տ
Թ	Ջ	Կ	A	Ր	Ո	Ի	Ց	Մ	Ն	E	Ե	Բ	Ո
Ո	Ն	Ո	Մ	Ւ	Յ	Ւ	Կ	Ա	Ե	Վ	Ս	Ղ	Ւ
Ա	Ւ	Դ	Չ	Ք	Մ	Գ	Թ	Ա	Ր	Ւ	Ո	Ջ	Թ
Ի	Ո	Տ	Դ	Ձ	Է	Ե	Ր	Յ	Կ	Գ	Ց	Լ	Յ
Ի	Փ	Ք	Ե	Տ	Լ	Ի	Ա	Ի	Ո	Ա	Խ	Փ	Ո
K	Ռ	Բ	Ջ	Լ	Ը	Ղ	Ղ	Ո	Հ	Ւ	Ն	Տ	Ւ
Ր	Տ	Կ	Հ	Փ	Ի	Ճ	Ա	Ը	Ց	K	Ն	Ջ	Ն
Ր	H	Ը	Ֆ	Ը	Տ	Ե	Ս	Ա	Կ	Ն	Ե	Ր	Է

ԲՈՒՍԱՆԻԿԱԿԱՆ
ՓՈՒՆՋ
ԿԼԻՄԱ
ՈՒՏԵԼԻ
ՊԱՐԱՐՏՈՒԹՅՈՒՆ
ՋՈՒՐ
ՏԵՍԱԿՆԵՐ
ԷԿԶՈՏԻԿ
ՍԱՂԱՐԹ
ՏԵՐԵՒ
ՍԵՐՄԵՐ
ԽՈՆԱՎՈՒԹՅՈՒՆ
ԿՈՆՏԵՅՆԵՐ
ՍԵԶՈՆԱՅԻՆ
ԿԵՂՏ
ՀՈՂ

41 - Entreprise

Գ	Ւ	Յ	Օ	Տ	Գ	Փ	A	Յ	Զ	Յ	Ծ	Ե	Գ
Ը	Ո	Օ	Ո	Ը	Դ	Ր	Ե	Կ	Ր	Ա	Հ	Կ	Ո
Ն	Տ	Ր	Չ	Ք	Ե	Ե	Ա	Ա	Ա	Ի	H	Ա	Ր
Կ	Ա	Ա	Ծ	Ռ	Ժ	Ն	Է	Ս	Ր	A	Զ	Մ	Ծ
Ե	Ծ	Ր	Ջ	Ա	Ղ	Ս	Թ	Ն	Ե	Ք	Ը	Ո	Ա
Ր	Ր	Ժ	Վ	Ճ	Ր	Ն	Ւ	Բ	Ի	Ն	Թ	Ւ	Ր
Ո	Ո	Ո	Ե	Ա	Ո	Ա	Ո	Ր	Ր	Ա	Յ	Տ	Ք
Ւ	Գ	Ւ	Ռ	Վ	Ն	Ն	Ն	Ձ	Ա	Ր	Ւ	Ա	Ը
Թ	Ծ	Յ	Գ	Ո	Ս	Ի	Ա	Հ	Կ	Պ	Ո	Ա	Կ
Յ	Ժ	Թ	Է	Ֆ	Ճ	Ֆ	Խ	E	Ժ	Ա	Հ	Ր	H
Ո	Բ	Յ	Ո	Ւ	Ջ	Ե	H	Ը	Գ	Փ	Ա	Ժ	Ա
Ւ	Ա	Շ	Խ	Ա	Տ	Ա	Կ	Ի	Ց	Ո	Շ	Ե	Ղ
Ն	Ջ	Զ	Ե	Ղ	Չ	Ֆ	Շ	Ձ	Ր	Ղ	A	Ք	Ֆ
Ս	H	Ն	Ե	Ր	Դ	Ր	Ո	Ւ	Մ	Ն	Ե	Ր	Ծ

ՓՈՂ
ԽԱՆՈՒԹ
ԲՅՈՒՋԵ
ԳՐԱՍԵՆՅԱԿ
ԿԱՐԻԵՐԱ
ԱՐԺԵՔ
ԱՐԺՈՒՅԹ
ԳՈՐԾԱՏՈՒ
ԱՇԽԱՏԱԿԻՑ
ԸՆԿԵՐՈՒԹՅՈՒՆ

ՖԻՆԱՆՍՆԵՐ
ՀԱՐԿԵՐ
ՆԵՐԴՐՈՒՄՆԵՐ
ԱՊՐԱՆՔ
ՇԱՀՈՒՅԹ
ԵԿԱՄՈՒՏ
ԶԵՂՉ
ԳՈՐԾԱՐՔ
ԳՈՐԾԱՐԱՆ
ՎԱՃԱՌՔ

42 - Mode

Շ	Ո	Ֆ	Շ	Ն	Բ	Է	Ս	Շ	Ե	Ր	Ը	Ք	Փ
Ջ	Գ	Ո	Ր	Ծ	Ն	Ա	Կ	Ա	Ն	Ր	Վ	Հ	Յ
Թ	Ր	Ե	Ն	Դ	H	H	Ս	Ե	Ն	Ե	Ւ	Ա	Է
Ժ	Խ	Ա	Տ	Ս	Ի	Լ	Ա	Մ	Ի	Ն	Ի	Մ	Ս
Ա	Ն	Դ	Պ	Ց	Չ	Ա	Մ	Հ	Հ	Կ	Հ	Ե	Գ
Մ	E	Ք	A	Է	Կ	Ն	Ա	Թ	Ա	Ա	Ա	Ս	Ո
Ա	Շ	Խ	E	Փ	Ա	Ի	Տ	Ֆ	Գ	Ճ	Ր	Տ	Ր
Ն	Ս	Ե	Հ	Ժ	Կ	Գ	Չ	Ծ	Ո	Ո	Մ	Ն	Ծ
Ա	Ղ	Ղ	H	Ց	Ժ	Ի	Ե	K	Ւ	Կ	Ա	Ա	Վ
Կ	Ա	Յ	Ն	Ա	Ժ	Ր	Լ	K	Ս	Ք	Ր	Գ	Ա
Ա	Ք	Ե	Շ	Շ	Փ	Օ	Ի	E	Տ	Ւ	Ա	Ե	Ծ
Կ	Բ	Ո	Ւ	Տ	Ի	Կ	Ւ	Ջ	Փ	Թ	Վ	Լ	Ք
Ի	Հ	Յ	Ո	Ւ	Ս	Վ	Ա	Ծ	Ք	Ո	Ե	Է	Պ
Ց	Չ	Ա	Փ	Ո	Ւ	Մ	Ն	Ե	Ր	Ճ	Տ	Չ	Օ

ՄԱՏՉԵԼԻ
ԲՈՒՏԻԿ
ԿՈՃԱԿՆԵՐ
ԹԱՆԿ
ՀԱՐՄԱՐԱՎԵՏ
ԺԱՆՅԱԿ
ԷԼԵԳԱՆՏ
ՉԱՓՈՒՄՆԵՐ
ՄԻՆԻՄԱԼԻՍՏ
ԺԱՄԱՆԱԿԱԿԻՑ
ՀԱՄԵՍՏ
ՕՐԻԳԻՆԱԼ
ԳՈՐԾՆԱԿԱՆ
ՊԱՐԶ
ՈՃ
ԹՐԵՆԴ
ՀՅՈՒՍՎԱԾՔ
ԳՈՐԾՎԱԾՔ
ՀԱԳՈՒՍՏ

43 - Nourriture #2

Ռ	Ց	Ղ	Լ	Զ	Բ	Ռ	Ը	Թ	Վ	Վ	Հ	Չ	K
Ճ	Ա	Ո	Ի	Գ	Գ	Ա	P	Չ	Ռ	Ց	Խ	Ռ	Զ
Ը	Հ	Ղ	Ր	Ֆ	Ս	Ձ	Լ	Ը	Տ	Ր	Յ	Ք	Յ
Զ	Թ	Ա	Կ	Ե	Կ	Մ	Ղ	Խ	Խ	Ւ	Բ	Օ	Ժ
Ր	Ի	Խ	Ի	K	Ն	Բ	K	Շ	Ւ	Ո	Ն	Ռ	Բ
K	Վ	Ք	Վ	Ը	Ւ	Ե	Ա	Ը	Ո	Խ	Օ	Ժ	Ր
Մ	Ն	Կ	Ի	Լ	Ո	Լ	Ձ	Ն	Պ	Ե	Պ	Ը	Ո
Ա	P	Ո	Գ	Մ	Ս	Ծ	Ք	Ծ	Ա	Ն	Ճ	Թ	Կ
Ն	Օ	Ֆ	Մ	Ժ	Ը	Ի	Ւ	Զ	Զ	Ն	Ց	Ի	Կ
Գ	Չ	Բ	Ջ	Ր	Ք	Ձ	Ֆ	A	Ո	Ս	Ց	Է	Ո
Ո	Ձ	Ր	Ո	Ձ	Ն	Խ	Ս	Ձ	Խ	Ք	Ֆ	Փ	Լ
E	Ո	Ի	Ղ	Ց	Դ	Ա	Լ	Ո	Կ	Ո	Շ	Օ	Ի
Ղ	Ւ	Ն	Հ	Ա	Վ	E	Կ	Ւ	Ո	Բ	Մ	Ս	Ռ
Ջ	Կ	Ձ	Վ	Ը	Ր	Լ	Ի	Ռ	Ճ	Յ	Ֆ	Ր	Ձ

ՆՈՒՇ
ՍՄԲՈՒԿ
ԲԱՆԱՆ
ՑՈՐԵՆ
ԲՐՈԿԿՈԼԻ
ԲԱԼ
ՆԵԽՈՒՐ
ՍՈՒՆԿ
ՇՈԿՈԼԱԴ
ԽՈԶԱՊՈՒԽՏ
ԿԻՎԻ
ՄԱՆԳՈ
ՁՈՒ
ՀԱՑ
ՁՈՒԿ
ԽՆՁՈՐ
ՀԱՎ
ԽԱՂՈՂ
ԲՐԻՆՁ
ԼՈԼԻԿ

44 - Algèbre

Յ	Ն	Գ	Ժ	Ծ	Ղ	Ե	P	Գ	Կ	Ը	Փ	Յ	Ր
Լ	Ո	Ւ	Ծ	Ո	Ւ	Մ	Գ	Ր	Ժ	Ը	Ո	Ձ	Ս
Ը	Լ	Ե	Ն	Ց	Ե	Զ	Ր	Ա	Պ	S	Փ	Ա	E
K	Մ	Ը	Ք	Ք	Ի	Խ	P	Ֆ	Մ	Ն	Ո	Ա	Ի
E	Մ	Ւ	A	Ա	Բ	Ղ	Թ	Ի	Ւ	Ե	Խ	Ն	Ֆ
Ս	Ա	Ե	Ո	H	Ն	Ա	Ի	Կ	Ո	Ն	Ա	Ս	Բ
Ս	Ց	Ձ	H	Ն	H	Ա	Վ	Մ	Ր	Ո	Կ	Ա	Գ
Դ	Ի	Ա	Գ	Ր	Ա	Մ	Կ	Փ	Ա	Պ	Ա	Հ	Ծ
Զ	Ր	Ն	Ձ	Ի	Ր	Հ	Պ	Ա	Ս	Ս	Ն	Մ	Ա
Ր	S	Ա	Ծ	Դ	Ծ	Ղ	Ե	Կ	Ա	Ք	Ք	Ա	Յ
Ո	Ա	Բ	O	Ն	Ժ	Կ	Ծ	Ա	Վ	Է	Մ	Ն	Ի
Յ	Մ	Ջ	Ր	Խ	Զ	Ձ	Ն	Գ	Ա	Դ	Է	Լ	Ն
Փ	Զ	Ը	Ժ	Ր	Չ	Գ	Ձ	Ի	Հ	Ց	Ր	Ճ	Ժ
Ծ	Պ	Չ	Է	A	Ձ	Ն	Ո	Ծ	Ր	Ո	Գ	Լ	Ռ

ԴԻԱԳՐԱՄ
ԷՔՍՊՈՆԵՆՏ
ՀԱՎԱՍԱՐՈՒՄ
ԳՈՐԾՈՆ
ԿԵՂԾ
ԲԱՆԱՁԵՒԸ
ՄԱՍ
ԳՐԱՖԻԿ
ԱՆՍԱՀՄԱՆ
ԳԾԱՅԻՆ
ՄԱՏՐԻՑԱ
ԹԻՎ
ՓԱԿԱԳԻԾ
ԽՆԴԻՐ
ՔԱՆԱԿ
ՊԱՐԶԵՑՆԵԼ
ԼՈՒԾՈՒՄ
ՀԱՆՈՒՄ
ՓՈՓՈԽԱԿԱՆ
ԶՐՈ

45 - Océan

Ը	Թ	Ձ	Ո	Խ	Է	Ց	Ջ	Պ	Ճ	Ջ	Ժ	Ե	Ո
Ի	Չ	Ո	Ց	Ս	Ե	Դ	Ի	Տ	Ռ	Ղ	Կ	Պ	Ւ
Օ	Ր	Ւ	Է	Է	Ր	Ճ	Ֆ	Ի	Ր	Թ	E	Հ	Թ
Շ	Ե	Կ	Փ	Ֆ	Ղ	Ե	Վ	Ջ	Ո	Է	Ր	Ւ	Ո
Ա	Ն	Ւ	Ո	Թ	Ծ	Ս	Պ	Ո	Ւ	Ն	Գ	Ռ	Տ
Ղ	Ռ	Մ	Ե	Դ	Ո	Ւ	Զ	Ա	Դ	Ց	Ա	Տ	Ն
Կ	Ւ	Լ	Ձ	Է	Ջ	Օ	Ձ	Ա	Ձ	Ո	Ւ	Կ	Ո
Ծ	Ո	Վ	Ա	Խ	Ե	Ց	Գ	Ե	Տ	Ի	Ն	Փ	Ւ
Ն	Մ	Ֆ	Ն	Ր	Օ	Փ	Խ	H	Ծ	Չ	Ի	Ո	Կ
Ա	Ի	Զ	Շ	A	Ո	Ձ	Ն	Ֆ	Ղ	Կ	Ֆ	Թ	Ժ
Վ	Ր	Ծ	Ս	H	Ծ	Կ	Կ	Ց	Ծ	Ր	Լ	Ո	Ջ
Ա	Ջ	Ռ	Ե	Լ	Ի	Ե	Ֆ	Ե	Ճ	Ի	Ե	Ր	H
Կ	Ա	Լ	Ի	Ք	Ն	Ե	Ր	Պ	Տ	Ա	Դ	Ի	Թ
Հ	Ե	Յ	Ւ	Ս	Մ	Ր	Վ	Հ	Վ	Ղ	Ս	Կ	Տ

ՋՐԻՄՈՒՌՆԵՐ
ՕՁԱՁՈՒԿ
ԿԵՏ
ՆԱՎԱԿ
ԿՈՐԱԼ
ԾՈՎԱԽԵՑԳԵՏԻՆ
ԴԵԼՖԻՆ
ՍՊՈՒՆԳ
ՈՍՐԵ
ՏԻԴԵՍ

ՄԵԴՈՒԶԱ
ՁՈՒԿ
ՈՒԹՈՏՆՈՒԿ
ՇՆԱՁ
ՌԵԼԻԵՖ
ԱՂ
ՓՈԹՈՐԻԿ
ԹՈՒՆԱ
ԿՐԻԱ
ԱԼԻՔՆԵՐ

46 - Antiquités

Մ	Ե	Տ	Ա	Ղ	Ա	Դ	Ր	Ա	Մ	Ն	Ե	Ր	Ո
A	Ս	Յ	Տ	Ն	Կ	Ա	Ր	Ն	Ե	Ր	Թ	Ջ	Ր
A	Հ	Թ	Ռ	Ն	Կ	Ա	Դ	Ն	Ա	Ք	Փ	Ք	Ա
Ն	Հ	Ա	Ր	Ս	Ա	Ր	Ե	Կ	Տ	Ա	Պ	Ղ	Կ
Ե	Վ	Ղ	Հ	Գ	Հ	Գ	Պ	Ա	Ճ	Ո	Ւ	Ր	Դ
Ր	Ա	Հ	Ի	Ի	Ո	Ս	Ե	E	Ո	Ժ	Լ	Ա	K
Դ	Վ	Ա	Ն	Ն	Ւ	Բ	Դ	Լ	Ա	Ե	Վ	Դ	Է
Ր	Ե	Ւ	Ն	Ֆ	Յ	E	Լ	Ն	Է	Ղ	P	O	Է
Ո	Ր	Ս	Ա	Ս	Ք	Ե	O	Ջ	O	Խ	Ի	Յ	Ս
Ւ	Ա	Ա	Ր	Ե	Ո	K	Խ	Պ	Ա	Դ	Փ	Է	Տ
Մ	Կ	Ռ	Ժ	Բ	Ճ	Վ	Ի	Թ	Ր	Ր	K	P	Ժ
Ն	Ա	Ճ	Ե	Յ	Թ	Ֆ	Ո	Ե	Ը	Ք	Դ	Ց	E
Ե	Ն	Ա	Ք	Ն	E	Ր	Լ	Ր	Խ	Յ	E	Ե	Գ
Ր	Հ	Կ	Ց	Թ	Ն	Ա	Ր	Վ	Ե	Ս	Տ	Ջ	Ր

ԱՐՎԵՍՏ
ՎԱՎԵՐԱԿԱՆ
ՋԱՐԴԵՐ
ԱՃՈՒՐԴ
ԷԼԵԳԱՆՏ
ՊԱՏԿԵՐԱՍՐԱՀ
ԱՆՍՈՎՈՐ
ՆԵՐԴՐՈՒՄՆԵՐ
ԿԱՀՈՒՅՔ

ՆԿԱՐՆԵՐ
ՄԵՏԱՂԱԴՐԱՄՆԵՐ
ԳԻՆ
ՈՐԱԿ
ՔԱՆԴԱԿ
ԴԱՐ
ՈՃ
ԱՐԺԵՔ
ՀԻՆ

47 - Boxe

Օ	Մ	Կ	Տ	Ը	Ր	Ձ	Բ	Մ	Ա	Ր	Տ	Ի	Կ
Տ	Մ	Ա	Պ	Ֆ	Ր	P	Ռ	Ջ	Պ	Յ	H	Դ	Ճ
Հ	Է	Է	Ր	Ե	Ն	Ղ	Ո	Ց	Ա	Ն	Ռ	Ե	Ձ
Ո	Մ	Ճ	Ց	Մ	Զ	Ր	Ի	Ֆ	Ճ	Է	Ի	Դ	Ռ
Ճ	Թ	Տ	Ե	Բ	Ի	Ռ	Ն	Կ	Ո	Ռ	Գ	Ե	K
Ժ	Ծ	Ղ	Ո	Տ	Ձ	Ն	Ց	L	Է	Կ	Ա	Զ	Կ
Յ	P	Տ	Ք	Ի	Զ	Յ	Ք	Տ	K	Զ	Ո	Շ	Ճ
Ք	Ձ	Ձ	Բ	Ր	Թ	Զ	Ռ	Ի	K	Ա	Ժ	Ի	Ն
Ռ	A	Ա	L	Ձ	K	Յ	H	H	Ի	Ն	Վ	Մ	Ս
Ս	Պ	Ա	Ս	Վ	Ա	Ծ	Ո	Ը	Ժ	Գ	Դ	Հ	Ե
Պ	Ա	Ր	Ա	Ն	Ն	Ե	Ր	Ի	Ծ	Ա	Ո	Ի	Ժ
Ա	Ն	Կ	Յ	Ո	Ի	Ն	Փ	P	Ն	Ր	Ֆ	Ջ	Խ
Մ	Ի	Ա	Վ	Ո	Ր	Ո	Վ	Ա	Տ	Ա	Դ	Ց	Ծ
Դ	Ռ	Ա	Է	Հ	Ա	Կ	Ա	Ռ	Ա	Կ	Ո	Ր	Դ

ՀԱԿԱՌԱԿՈՐԴ
ԴԱՏԱՎՈՐ
ԶԱՆԳ
ԱՆԿՅՈՒՆ
ՄԱՐՏԻԿ
ՀՄՏՈՒԹՅՈՒՆ
ՖՈԿՈՒՍ
ՊԱՐԱՆՆԵՐ
ՄԱՐՄԻՆ
ՍՊԱՍՎԱԾ
ՈՒԺ
ՁԵՌՆԱՑՈՂՆԵՐ
ԿԶԱԿ
ԲՌՈՒՆՑՔ
ՄԻԱՎՈՐ
ԱՐԱԳ

48 - Ballet

Ա	Յ	Ր	Ս	Կ	Ր	Ե	Ն	Ղ	Ո	Ր	Ա	Պ	Մ
Չ	Ր	Ն	Ի	H	Ե	Թ	Ւ	Փ	Ը	Օ	Ն	Ռ	Կ
Ջ	Յ	Տ	Ս	Ե	Ժ	Ծ	Ո	Տ	Ի	Ծ	Ւ	Պ	Ա
Փ	Ռ	Ժ	Ա	P	Բ	Ֆ	Յ	Ս	Ո	L	Ո	Ր	Ն
Մ	Թ	Է	Ն	Հ	H	Մ	Թ	Ի	Ռ	Տ	Յ	Ա	Ն
K	Ո	Չ	Ի	Ծ	Ա	Դ	Ւ	Ը	Է	Ե	Թ	Կ	Ե
L	Ս	Ա	Ր	Ա	Ն	Յ	Ո	Թ	P	Խ	Ւ	Տ	Ր
Ճ	Տ	Հ	Ե	Հ	Տ	K	Տ	Ղ	Ծ	Ն	Ո	Ի	Չ
Խ	P	H	L	Ձ	Է	Ջ	Շ	Ի	Ե	Ի	Տ	Կ	Խ
Ա	Տ	Ճ	Ա	Օ	Ջ	Թ	Ժ	Ե	Չ	Կ	Մ	Ա	Ա
Ո	Կ	Օ	Բ	A	Ձ	Ն	Ա	Փ	Վ	Ա	Հ	Պ	K
Պ	Ճ	Ֆ	Ա	Ի	Ֆ	Ա	Ր	Գ	Ո	Ե	Ր	Ո	Խ
Ց	Ղ	Ի	Պ	Ր	Յ	Ց	Ե	Ռ	Բ	Ր	Ջ	E	Ն
Կ	Ո	Մ	Պ	Ո	Ձ	Ի	Տ	Ո	Ր	Շ	Ջ	Ն	A

ԲԱԼԵՐԻՆԱ
ԽՈՐԵՈԳՐԱՖԻԱ
ՀՄՏՈՒԹՅՈՒՆ
ԿՈՄՊՈՁԻՏՈՐ
ՊԱՐՈՂՆԵՐ
ԱՐՏԱՀԱՅՏԻՉ
ԺԵՍՏ
ՄԿԱՆՆԵՐ
ԵՐԱԺՇՏՈՒԹՅՈՒՆ
ՊՐԱԿՏԻԿԱ
ԼՍԱՐԱՆ
ՓՈՐՁ
ՌԻԹՄ
ՍՈԼՈ
ՈՃ
ՏԵԽՆԻԿԱ

49 - Fruit

Ծ	Կ	Թ	Լ	Կ	Ւ	Յ	Վ	Հ	Բ	Ք	E	Չ	Ն
Ք	H	Բ	Ա	Ն	Ա	Ն	Ո	Ր	Տ	Ի	Կ	Դ	Ե
Ա	Ռ	Չ	Բ	Ա	Ռ	K	Ծ	Ի	Ր	Ա	Ն	Ե	Կ
Գ	Վ	Ո	Ձ	Յ	Կ	Ի	Հ	Ղ	Դ	Զ	Ի	Ղ	Տ
Ո	Խ	Ո	Հ	Ա	Տ	Ա	Պ	Տ	Ո	Ւ	Ղ	Ձ	Ա
Ւ	Ա	Գ	Կ	Պ	Ֆ	Ղ	Ձ	Ս	Ձ	Ո	Զ	Ր	Ր
Ա	Ղ	Ն	P	Ա	E	Յ	Ժ	Ֆ	Ե	Թ	Խ	H	Ի
Վ	Ո	Ա	Ն	Պ	Դ	Յ	Յ	Է	Զ	Խ	Շ	Կ	Ն
Ա	Ղ	Մ	Ղ	Խ	P	Ո	Մ	Ռ	Յ	Պ	Մ	Ի	Յ
Ց	Է	Ֆ	A	Բ	Ն	Ֆ	Է	Խ	Է	K	Շ	Վ	K
A	Ք	Ք	Ֆ	Φ	O	Ձ	Ն	Ա	Տ	Ա	H	Ի	K
Վ	Ւ	Դ	Ճ	Վ	Ի	Ր	Ո	Մ	Ա	Վ	Ն	Զ	Ա
Ր	Հ	Տ	Է	Շ	Ո	Պ	Φ	Ր	Կ	Ա	Խ	A	Ր
Ն	Ա	Ր	Ն	Ջ	Ա	Գ	Ո	Ւ	Յ	Ն	Զ	Թ	Ց

ԾԻՐԱՆ
ԱՎՈԿԱԴՈ
ՀԱՏԱՊՏՈՒՂ
ԲԱՆԱՆ
ԲԱԼ
ԿԻՏՐՈՆ
ԹՈՒԶ
ԱԶՆՎԱՄՈՐԻ
ԳՈՒԱՎԱ
ԿԻՎԻ
ՄԱՆԳՈ
ՍԵԽ
ՆԵԿՏԱՐԻՆ
ՆԱՐՆՋԱԳՈՒՅՆ
ՊԱՊԱՅԱ
ԴԵՂՁ
ՏԱՆՁ
ԽՆՁՈՐ
ԽԱՂՈՂ

50 - Musique

Ս	Ն	Ը	Յ	Հ	Ո	Վ	Լ	Ր	Ռ	K	Դ	E	Չ
Պ	Մ	Ե	Տ	Ե	Ը	Ո	Ր	Ո	Ի	Ք	Ա	Ս	Կ
Ե	Ճ	Չ	Ր	Զ	Շ	Կ	Տ	Ե	Թ	P	Ս	Վ	Ք
Մ	Ր	Ա	Ւ	Դ	Բ	Ա	Ծ	Ր	Մ	Ջ	Ա	Վ	Ն
Օ	Ի	Ա	Չ	Ժ	Ա	Լ	Մ	Գ	Ի	H	Կ	Մ	Ա
Բ	Յ	Կ	Ժ	Ւ	Ց	Շ	P	Ե	Կ	Է	Ա	Ե	Ր
Ա	Յ	Ջ	Ր	Ի	A	H	Ն	Լ	Ճ	K	Ն	Ղ	Ա
Լ	Վ	Ւ	Ը	Ո	Շ	Ն	Զ	Ա	Է	E	Ֆ	Ե	Կ
Լ	Խ	P	Լ	H	Ֆ	Տ	Ե	A	Կ	Փ	P	Դ	Ա
Ա	Ռ	Ի	Թ	Մ	Ւ	Ո	Օ	Պ	Ե	Ր	Ա	Ի	Ն
Դ	Գ	Ո	Ր	Ծ	Ի	Ք	Ն	Ա	Լ	Բ	Ո	Մ	Ֆ
Ֆ	Դ	Ռ	Ձ	Ւ	Կ	Ե	Ր	Գ	Ի	Չ	Վ	Ք	Ց
Ը	Ն	Տ	Ր	Ո	Ղ	Ա	Կ	Ա	Ն	Ջ	Ծ	Զ	Ղ
Ե	Ր	Գ	Չ	Ա	Խ	Ո	Ւ	Մ	Բ	Ո	Ք	Մ	Ժ

ԱԼԲՈՄ
ԲԱԼԼԱԴ
ԵՐԳԵԼ
ԵՐԳԻՉ
ԵՐԳՉԱԽՈՒՄԲ
ԴԱՍԱԿԱՆ
ԸՆՏՐՈՂԱԿԱՆ
ՆԵՐԴԱՇՆԱԿ
ԳՈՐԾԻՔ
ՔՆԱՐԱԿԱՆ
ՄԵՂԵԴԻ
ՄԻԿՐՈՖՈՆ
ԵՐԱԺԻՇՏ
ՕՊԵՐԱ
ՌԻԹՄ
ՌԻԹՄԻԿ
ՏԵՄՊ
ՎՈԿԱԼ

51 - Météo

Ր	Մ	Խ	Ն	Լ	Դ	Պ	Չ	Տ	Բ	E	Ծ	Հ	Ո
Ի	Ո	Խ	Ո	Գ	Խ	Ֆ	Ո	Ա	Ե	Վ	Ի	Ա	Ր
Լ	Յ	Ֆ	Դ	Ց	Ձ	Խ	Ր	Ր	Ւ	Օ	Ա	Ն	Պ
Օ	Ս	Պ	Ռ	Ք	Ի	Ժ	Ւ	Ա	Ե	Ց	Ծ	Գ	Ո
Ո	Ղ	Ե	Ղ	Ե	Հ	Ր	Ջ	Փ	Ռ	Ւ	Ա	Ի	Տ
Ք	Չ	Ց	Յ	Ւ	Ո	Ռ	Ա	Ս	Ա	Կ	Ն	Ս	Շ
Ղ	Դ	Կ	Ի	Ր	Ո	Թ	Ո	Փ	Յ	Լ	Տ	Տ	Ա
Ճ	K	Ւ	Խ	P	Վ	Խ	Ե	K	Ի	Ի	Ռ	K	Ր
Մ	Ո	Ւ	Ս	Ո	Ն	P	Ա	Ր	Ն	Մ	Հ	Շ	Ե
Հ	A	Զ	Ե	Փ	Յ	Ո	Ւ	Ռ	Կ	Ա	Պ	Ի	Չ
Մ	Թ	Ն	Ո	Լ	Ո	Ր	Տ	Օ	Ա	Ի	Ք	Մ	Ա
Կ	Թ	Ն	Ռ	Հ	E	Յ	Հ	Հ	E	Մ	Ն	Ա	Մ
Ջ	Ե	Ր	Մ	Ա	Ս	Տ	Ի	Ճ	Ա	Ն	Ը	Ք	Պ
Ա	Ր	Ե	Ւ	Ա	Դ	Ա	Ր	Ձ	Ա	Յ	Ի	Ն	Ս

ԾԻԱԾԱՆ
ՄԹՆՈԼՈՐՏ
ԶԵՓՅՈՒՌ
ՄԱՌԱԽՈՒՂ
ՀԱՆԳԻՍՏ
ԵՐԿԻՆՔ
ԿԼԻՄԱ
ՍԱՌՈՒՅՑ
ՋՐՀԵՂԵՂ
ՄՈՒՍՈՆ
ԱՄՊ
ԲԵՒԵՌԱՅԻՆ
ՉՈՐ
ԵՐԱՇՏ
ՋԵՐՄԱՍՏԻՃԱՆԸ
ՓՈԹՈՐԻԿ
ՈՐՊՈՏ
ՏԱՐԱՓ
ԱՐԵՒԱԴԱՐՁԱՅԻՆ
ՔԱՄԻ

52 - Gouvernement

Ջ	Զ	Ր	Ֆ	K	Պ	Ն	Ք	Ա	A	Ի	Տ	Ծ	Ժ
Ց	Ղ	H	Փ	Չ	Ե	Ւ	Ն	Ջ	Օ	Ո	L	Փ	Տ
Ո	Ր	Դ	Ք	Զ	Օ	Ո	Ճ	Ա	Ո	P	A	Ծ	Օ
Ւ	Ե	Փ	Կ	Ր	K	Յ	Ժ	Տ	Կ	K	Մ	P	Ֆ
Ճ	Ն	Ն	Ւ	Ո	Յ	Թ	Ւ	Ո	Ր	Ա	Դ	Ր	Ա
Ա	Ք	Կ	Ռ	Մ	Ն	Ւ	L	Ւ	Թ	Ծ	Տ	Ս	Չ
Ր	Ն	Է	Ջ	Ւ	E	Ո	Ծ	Թ	Ա	Ջ	Գ	Ա	Ռ
Զ	Ւ	B	Ի	Ո	Փ	Տ	Պ	Յ	Խ	Վ	Ո	Յ	Դ
Ա	Ո	Չ	H	Կ	Տ	Ե	Ի	Ո	Ա	Ա	P	Ա	Փ
Ն	Վ	P	Է	Ր	Ճ	Պ	Ք	Ւ	L	Ծ	Ղ	Ձ	Դ
Ռ	Ա	Ջ	Գ	Ա	Յ	Ի	Ն	Ն	Զ	Ծ	Կ	Ա	Է
Ճ	Ր	Ձ	Ա	Ն	Օ	Պ	Ե	Խ	Ո	Ս	Ք	Թ	Ղ
Ե	Ի	Ծ	Ջ	Ն	Ե	Դ	Ր	Ո	Ն	Ձ	Ա	Ռ	Ա
Չ	Ֆ	Գ	Ս	Ք	Ք	Վ	Օ	Ջ	Ե	Ց	Կ	Է	Մ

ԽՈՍՔ
ՔՆՆԱՐԿՈՒՄ
ՇՐՋԱՆ
ԻՐԱՎՈՒՆՔՆԵՐ
ՊԵՏՈՒԹՅՈՒՆ
ԴԱՏԱԿԱՆ
ԱՐԴԱՐՈՒԹՅՈՒՆ
ԱՌԱՋՆՈՐԴ
ԱԶԱՏՈՒԹՅՈՒՆ
ՕՐԵՆՔ
ՀՈՒՇԱՐՁԱՆ
ԱԶԳ
ԱԶԳԱՅԻՆ
ԽԱՂԱՂ

53 - Randonnée

Կ	Լ	Ի	Մ	Ա	Ց	Տ	P	Ե	Շ	Խ	Ն	Բ	Ծ
Ւ	Կ	Ե	Ն	Դ	Ա	Ն	Ի	Ն	Ե	Ր	Ց	Ն	Ո
Ա	Ր	Ե	Ւ	Ե	Ո	Ք	Ս	Չ	Շ	Ե	Ռ	Ո	E
Վ	Ա	Յ	Ր	Ի	O	Յ	Ա	Հ	H	Ր	Ս	Ւ	Ժ
Ե	Ղ	Ա	Ն	Ա	Կ	Ռ	Չ	Ր	Ն	Ա	Ծ	Թ	Ջ
Վ	Տ	Ա	Ն	Գ	Ն	Ե	Ր	Ե	Տ	Ք	Մ	Յ	Ո
Հ	Ո	Գ	Ն	Ա	Ծ	Լ	Բ	Ն	Ա	Ե	Ո	Ո	Ւ
Կ	Ո	Շ	Ի	Կ	Ն	Ե	Ր	Ի	Կ	Ր	Ձ	Ւ	Ր
Ի	A	Բ	Ջ	Թ	Ց	Լ	Ո	Գ	Խ	Խ	Շ	Ն	Ն
Վ	O	Բ	Ֆ	P	Ջ	A	Ի	Յ	Բ	Ո	Φ	Ա	Ի
Յ	P	Վ	Մ	Ւ	Ո	Տ	Ս	Ա	Ր	Տ	Ա	Պ	Վ
Ժ	Ա	Յ	Ռ	Ի	Ֆ	Ո	Ե	Դ	H	Ջ	Ծ	Է	Է
Կ	Ո	Ղ	Մ	Ն	Ո	Ր	Ո	Շ	Ո	Ւ	Մ	Ձ	Հ
Բ	Ո	Ւ	Ղ	Ե	Ց	Ո	Ւ	Յ	Ց	Ն	Ե	Ր	O

ԿԵՆԴԱՆԻՆԵՐ
ԿՈՇԻԿՆԵՐ
ԱՐՇԱՎ
ՔԱՐՏԵԶ
ԿԼԻՄԱ
ՎՏԱՆԳՆԵՐ
ՋՈՒՐ
ԺԱՅՌԻ
ՀՈԳՆԱԾ
ՈՒՂԵՑՈՒՅՑՆԵՐ
ԾԱՆՐ
ԵՂԱՆԱԿ
ԼԵՌ
ԲՆՈՒԹՅՈՒՆ
ԿՈՂՄՆՈՐՈՇՈՒՄ
ԱՅԳԻՆԵՐ
ՔԱՐԵՐ
ՊԱՏՐԱՍՏՈՒՄ
ՎԱՅՐԻ
ԱՐԵՒ

54 - Art

Կ	Ա	Դ	Ն	Ա	Ք	Օ	Ծ	Լ	Ս	Է	E	Ը	Ո
Պ	Ե	Ա	Զ	Ն	Ի	Վ	Ծ	Ա	Տ	Ք	Տ	Ձ	Գ
Ա	Ը	Ր	Ե	Ն	Ր	Ա	Կ	Ն	Ե	Ս	Է	A	Ե
Ր	Լ	Շ	Ա	Ը	P	E	Ե	Ի	Ղ	Պ	Տ	Կ	Շ
Զ	Գ	Ի	Կ	Մ	Ա	K	Օ	Գ	Ծ	Ր	Ռ	Ե	Ն
Ն	Վ	Ն	Ր	Զ	Ի	Ւ	Թ	Ի	Ե	Ե	Է	Ա	Չ
Ա	Ո	Ա	Ա	Ա	Զ	Կ	Թ	Ր	Լ	Ս	Օ	Ն	Վ
Կ	Կ	Դ	Ռ	Կ	Ե	Φ	Ա	Օ	A	Ի	K	Ձ	Ա
Ա	Շ	Ր	Ա	Ղ	Ո	H	Զ	Կ	E	Ո	Պ	Ն	Ծ
Ղ	Ջ	Հ	Լ	Կ	Պ	Ջ	Դ	Օ	Ա	Ն	Հ	Ա	Օ
Ո	Ղ	Ր	Հ	Ա	Մ	Ա	Լ	Ի	Ր	Ն	Ձ	Կ	Խ
Ս	Յ	Ո	Ւ	Ր	Ռ	Ե	Ա	Լ	Ի	Զ	Մ	Ա	Դ
Ե	Յ	Խ	Ծ	Ջ	Ը	Ժ	Չ	P	Ջ	Ֆ	Ր	Ն	Ա
Տ	Չ	Ա	A	E	Ք	Ֆ	Ղ	Յ	Ց	Մ	Դ	Ւ	Կ

ԿԵՐԱՄԻԿԱԿԱՆ
ՀԱՄԱԼԻՐ
ԿԱԶՄԸ
ՍՏԵՂԾԵԼ
ԷՔՍՊՐԵՍԻՈՆ
ԱԶՆԻՎ
ՈԳԵՇՆՉՎԱԾ
ՕՐԻԳԻՆԱԼ
ՆԿԱՐՆԵՐ
ԱՆՁՆԱԿԱՆ
ՊՈԵԶԻԱ
ՔԱՆԴԱԿ
ՊԱՐԶ
ԱՌԱՐԿԱ
ՍՅՈՒՐՌԵԱԼԻԶՄ
ԽՈՐՀՐԴԱՆԻՇ
ՏԵՍՈՂԱԿԱՆ

55 - Nutrition

Ը	Յ	Կ	Ձ	Դ	Հ	O	Ք	Ց	Կ	Ո	Ն	Տ	Ժ
Շ	Դ	Ա	Տ	Ե	Ի	Դ	E	Ս	Է	Գ	Ւ	Ո	Փ
Խ	Ջ	Ժ	Ծ	Ը	Խ	Ր	O	Պ	Ա	Ր	Ո	Ք	Կ
Ծ	Մ	Ր	Տ	Ր	Ի	Ց	Յ	Ի	Ւ	Կ	Յ	Ս	Ա
A	P	Ո	Դ	Ս	L	H	H	Տ	Ջ	E	Թ	Ի	L
Հ	Ր	Խ	Ր	Գ	Ե	Ը	Մ	Ա	Հ	Ղ	Ւ	Ն	Ո
Ճ	Ե	Ա	Ա	Ո	Տ	Փ	E	Կ	Ա	Ր	Ո	Տ	Ր
A	Ր	Ղ	P	Ո	Ւ	Ֆ	Հ	Ո	Վ	Ա	Ջ	Ռ	Ի
Վ	Ջ	Կ	Ո	Ս	Ո	Մ	Չ	Ւ	Ի	Հ	Ղ	Խ	Ա
Դ	Ա	Ռ	Ը	Ւ	Ի	Ա	Ը	Ց	Տ	Վ	Ո	Ձ	Ն
Չ	Խ	E	Շ	Ո	Կ	Ծ	A	Ն	Ա	L	Ռ	Ի	Ե
Ճ	Ծ	Տ	Ա	Ո	Ս	Ն	Ր	Ե	Մ	H	Ա	Ձ	Ր
Ր	Ա	A	Ք	Ս	Շ	Թ	Ե	Ր	Ի	Փ	Ջ	Ն	Ն
Ս	Ն	Ն	Դ	Ա	Ր	Ա	Ր	Ր	Ն	Ս	Մ	Մ	E

ԴԱՌԸ
ԱԽՈՐԺԱԿ
ԿԱԼՈՐԻԱՆԵՐ
ՈՒՏԵԼԻ
ԴԻԵՏԱ
ԽՄՈՐՈՒՄ
ԱՃԽԱՋՐԵՐ
ՀԵՂՈՒԿՆԵՐ
ՍՆՆԴԱՐԱՐ

ՔԱՇԸ
ՍՊԻՏԱԿՈՒՑՆԵՐ
ՈՐԱԿ
ԱՌՈՂՋ
ԱՌՈՂՋՈՒԹՅՈՒՆ
ՍՈՈՒՍ
ՀԱՄԸ
ՏՈՔՍԻՆ
ՎԻՏԱՄԻՆ

56 - Créativité

Ի	Գ	Ա	Ղ	Ա	Փ	Ա	Ր	Ն	Ե	Ր	Ր	Է	Ո
Ի	Ն	Ո	Ի	Ս	Ե	Ր	Պ	Ս	Ք	Է	Ռ	Ս	Գ
Ն	Ւ	Տ	Ր	Ս	Դ	Շ	Շ	Ք	Ճ	Չ	K	Չ	Ե
Ք	Ո	Ի	Ե	Ջ	Կ	Ի	Տ	Ա	Մ	Ա	Ր	Դ	Շ
Ն	Յ	Մ	Կ	Ն	Ժ	Ո	Գ	Ց	Պ	Ի	Տ	Ց	Ն
Ա	Թ	Ա	Տ	Վ	Ս	Ա	Ւ	Ը	Յ	Ց	Ղ	Ք	Չ
Բ	Ւ	Ր	Ա	Ց	Ն	Ի	H	Թ	Ո	Ի	Ժ	Ը	Ո
Ո	Ո	Ա	Պ	Ֆ	Յ	Ց	Վ	Բ	Յ	Ւ	Գ	Բ	Ւ
Ւ	Ջ	Ն	Ն	Ե	P	Ա	Ք	Ա	Հ	Ո	Բ	Հ	Մ
Խ	Ր	Հ	Շ	Ճ	Ձ	Ս	Ք	Չ	Ց	Տ	Ւ	Բ	Ծ
Ծ	Ա	Կ	Լ	Ջ	Ղ	Ն	Ժ	Օ	Վ	Ն	Ր	Ն	Ֆ
Պ	Պ	Կ	Յ	Ձ	Ւ	Ե	Օ	Ռ	K	Ի	Ե	Ջ	Ը
Ե	Փ	Ը	Ձ	Է	Մ	Ս	Դ	Թ	P	K	Օ	Լ	Գ
Հ	Մ	Տ	Ո	Ւ	Թ	Յ	Ո	Ւ	Ն	Լ	Վ	H	Ջ

ԻՍԿՈՒԹՅՈՒՆԸ
ՊԱՐԶՈՒԹՅՈՒՆ
ՀՄՏՈՒԹՅՈՒՆ
ԴՐԱՄԱՏԻԿ
ԷՔՍՊՐԵՍԻՈՆ
ԳԱՂԱՓԱՐՆԵՐ
ՊԱՏԿԵՐ
ՈԳԵՇՆՉՈՒՄ
ԻՆՏԵՆՍԻՎԱՑՆԵԼ
ԻՆՏՈՒԻՑԻԱ
ՀՆԱՐԱՄԻՏ
ՍԵՆՍԱՑԻԱ
ԻՆՔՆԱԲՈՒԽ

57 - Science Fiction

Տ	Ա	Տ	Ր	Ռ	Ֆ	Ա	Ն	Տ	Ա	Ս	Տ	Ի	Կ
Պ	Գ	Ա	Ի	Պ	Ո	Տ	Ս	Ի	Դ	Օ	Ժ	Ա	K
Կ	Ա	Շ	Շ	Ս	Յ	Բ	K	Թ	Ծ	Տ	Ժ	Տ	Ջ
Ր	Գ	Յ	Ժ	Բ	Չ	Կ	Ո	Ս	E	Ղ	P	Ո	Է
Ա	Օ	Ր	Թ	Ք	Է	Ի	Ա	Տ	Ք	Ր	Փ	Մ	Ձ
Կ	Ր	Ա	Ք	Յ	Թ	Ն	Յ	Ժ	Ն	K	Օ	Ա	H
Չ	Ա	Ն	Ս	Ե	Ո	Ո	Ւ	Ծ	Ա	Ե	Հ	Յ	Մ
P	Ք	Ե	Մ	Դ	Ր	Ւ	Ձ	Տ	Ր	Ո	Ր	Ի	Հ
H	Լ	Ց	Ճ	Տ	Ռ	Ջ	Ն	Շ	Տ	Գ	Ա	Ն	Ե
Ա	Ի	Ս	Ք	Ա	Լ	Ա	Գ	Ա	Ա	A	Խ	Ւ	Ռ
Մ	Ո	Լ	Ո	Ր	Ա	Կ	Շ	Յ	Պ	Ո	Շ	Ց	Ա
Յ	Ս	Տ	Ե	Խ	Ն	Ո	Լ	Ո	Գ	Ի	Ա	Չ	Վ
Ո	Ռ	Խ	Ո	Ր	Հ	Ր	Դ	Ա	Վ	Ո	Ր	Հ	Ո
Ե	Ր	Ե	Ւ	Ա	Կ	Ա	Յ	Ա	Կ	Ա	Ն	Թ	Ր

ԱՏՈՄԱՅԻՆ
ԿԻՆՈ
ԴԻՍՏՈՊԻԱ
ՊԱՅԹՅՈՒՆ
ՖԱՆՏԱՍՏԻԿ
ԿՐԱԿ
ԳԱԼԱՔՍԻԱ
ՊԱՏՐԱՆՔ
ԵՐԵՒԱԿԱՅԱԿԱՆ
ԳՐՔԵՐ
ՀԵՌԱՎՈՐ
ԱՇԽԱՐՀ
ԽՈՐՀՐԴԱՎՈՐ
ՕՐԱՔԼԻ
ՄՈԼՈՐԱԿ
ՌՈԲՈՏՆԵՐ
ՍՑԵՆԱՐ
ՏԵԽՆՈԼՈԳԻԱ

58 - Vertus #1

Շ	Հ	Ե	Տ	Ա	Ք	Ր	Ք	Ր	Ա	Ս	Ե	Ր	Ե
Ե	Ր	Ե	Ւ	Ա	Կ	Ա	Յ	Ա	Կ	Ա	Ն	A	Խ
Հ	Ա	Ր	Դ	Յ	Ո	Ւ	Ն	Ա	Վ	Ե	Տ	Ն	Պ
H	Մ	Կ	Ր	Ք	Ո	Տ	Վ	Լ	Ա	Վ	Ճ	Ռ	H
Գ	Ն	Ա	Կ	Ա	Տ	Ս	Ե	Վ	Ր	Ա	Ղ	Ե	Գ
Ո	Ջ	Ո	Յ	Վ	Ս	Տ	Ա	Հ	Ա	Մ	Գ	Ձ	Վ
Ռ	Ի	Դ	Ծ	Ի	A	Ր	Ի	Թ	Ն	Ա	Ո	Ա	Ճ
Չ	Լ	Ֆ	Ժ	Կ	Չ	Ֆ	Թ	Ր	Կ	Ք	Ր	Տ	Ռ
Հ	Ա	Մ	Ե	Ս	Տ	Ֆ	Ա	Թ	Ա	Ո	Ծ	Ա	Ա
Է	Ս	Օ	Գ	Տ	Ա	Կ	Ա	Ր	Խ	Ւ	Ն	Ռ	Կ
Ն	Ւ	Ո	Տ	Ս	Ա	Մ	Ի	Ո	Ր	Ր	Ա	Ա	Ա
Յ	Ո	Ն	Խ	Ե	Լ	Ա	Ց	Ի	Օ	Յ	Կ	Զ	Ն
Ր	Հ	Զ	Ռ	Ն	Խ	Ի	Լ	Ա	Ճ	Ր	Ա	Վ	Զ
Հ	Ա	Մ	Բ	Ե	Ր	Ա	Տ	Ա	Ր	Մ	Ն	Ճ	Տ

ԳԵՂԱՐՎԵՍՏԱԿԱՆ
ԼԱՎ
ՀՄԱՅԻՉ
ՎՍՏԱՀ
ՀԵՏԱՔՐՔՐԱՍԵՐ
ՎՃՌԱԿԱՆ
ԶՎԱՐՃԱԼԻ
ԱՐԴՅՈՒՆԱՎԵՏ
ՀՈՒՍԱԼԻ
ԱՌԱՏԱՁԵՌՆ
ԵՐԵՒԱԿԱՅԱԿԱՆ
ԱՆԿԱԽ
ԽԵԼԱՑԻ
ՀԱՄԵՍՏ
ԿՐՔՈՏ
ՀԱՄԲԵՐԱՏԱՐ
ԳՈՐԾՆԱԿԱՆ
ՄԱՔՈՒՐ
ԻՄԱՍՏՈՒՆ
ՕԳՏԱԿԱՐ

59 - Professions #1

Ջ	Ի	Բ	Շ	Ե	Մ	Ա	Ր	Զ	Ի	Չ	Ք	A	Ո
Ր	Ց	Ո	Ա	Ր	Ա	Ս	Տ	Ղ	Ա	Գ	Ե	Տ	H
Մ	H	Ր	Ն	Ա	Կ	Ա	Ն	Տ	Ի	Գ	Է	Ն	Չ
Ո	Ւ	Ւ	Չ	Ժ	Ք	Ա	Ր	Տ	Ո	Գ	Ր	Ա	Ֆ
Ւ	Ս	Թ	Յ	Ի	Գ	Զ	Ա	Է	L	Ւ	Ի	Բ	Պ
Ղ	Բ	Ջ	Ե	Շ	Ր	Հ	Հ	A	Ծ	Դ	Գ	Ե	Ա
Ա	Ո	Յ	Հ	Տ	Ե	Ե	Ա	Յ	Է	Ս	Ա	Գ	Ր
Գ	Ւ	Տ	Ջ	Չ	Կ	Թ	Կ	Շ	Ի	Ժ	Բ	Ո	Ո
Ո	Ժ	Ը	Կ	Ջ	Ն	Ճ	Ա	Ս	Ք	E	Մ	Հ	Ւ
Ր	Ք	O	Հ	Փ	Ա	K	Ն	Ր	Ո	Ւ	Խ	Ւ	Հ
Ծ	Ո	Ղ	Է	Ո	Բ	Ղ	Շ	P	Հ	L	Ն	Ն	Ի
Ռ	Ւ	Ժ	Ձ	Խ	Բ	Ն	Ա	Բ	Ա	Տ	Ս	Ա	Փ
Գ	Յ	Ն	Ա	Պ	Ս	Ե	Դ	Ր	Ո	Ս	Ր	Ո	Թ
Դ	Ր	Ց	Ե	Ր	Կ	Ր	Ա	Բ	Ա	Ն	P	E	A

ԴԵՍՊԱՆ
ԱՍՏՂԱԳԵՏ
ՓԱՍՏԱԲԱՆ
ԲԱՆԿԵՐ
ՈՍԿԵՐԻՉ
ՔԱՐՏՈԳՐԱՖ
ՈՐՍՈՐԴ
ՊԱՐՈՒՀԻ
ՄԱՐԶԻՉ
ԽՄԲԱԳԻՐ
ԵՐԿՐԱԲԱՆ
ԲՈՒԺՔՈՒՅՐ
ԲԺԻՇԿ
ԵՐԱԺԻՇՏ
ԴԱՇՆԱԿԱՀԱՐ
ՋՐՄՈՒՂԱԳՈՐԾ
ՀՐՇԵՋ
ՀՈԳԵԲԱՆ
ԳԻՏՆԱԿԱՆ

60 - Géologie

Գ	Ս	Հ	Ո	Ա	Ց	Օ	Ը	Փ	Ջ	Գ	Ք	Լ	Բ
Է	Դ	Ղ	Ա	Ճ	Ց	Յ	Յ	Օ	K	Ե	Ա	Ա	Յ
P	Հ	K	Հ	Լ	K	Ո	K	Է	Վ	Յ	Ր	Վ	Ո
Ժ	Թ	Ր	Ա	Հ	Ա	Ր	Ա	Ս	H	Ջ	Ե	Ա	Ւ
Խ	Ռ	Թ	Ն	Ռ	Ջ	Ծ	Հ	Ւ	Օ	Ե	Ժ	Ո	Ր
Հ	Ի	Վ	Ա	Զ	Ն	Ա	Ր	Ա	Ք	Ր	Զ	Ձ	Ե
Է	Ա	Խ	Ծ	Կ	Գ	Հ	Ր	Ա	Բ	Ո	Ւ	Խ	Ղ
Ր	Ո	Ն	Ո	H	A	S	Ե	Ֆ	Ե	Ս	Ձ	Ր	Ն
Ո	Ր	Կ	Ք	Շ	Կ	Ա	Լ	Ց	Ի	Ո	Ւ	Մ	Ե
Ջ	Զ	Ո	Ձ	Ա	Ե	Ֆ	Օ	P	Ղ	Վ	Ո	Գ	Ր
Ի	Ա	Ր	P	Ժ	Յ	Ր	K	Ս	Ս	Ր	Թ	Ո	Ճ
Ա	Ք	Ա	Փ	Օ	Մ	Ի	Տ	Ւ	Ի	Ո	Թ	Տ	Փ
Ղ	Ա	Լ	Դ	Պ	Ճ	Ո	Ն	H	Օ	Փ	Բ	Ի	Ա
E	Ր	Ս	Տ	Ա	Լ	Ա	Կ	Տ	Ի	Տ	Ւ	A	Ն

ԹԹՈՒ
ԿԱԼՑԻՈՒՄ
ՔԱՐԱՆՁԱՎԻ
ԿՈՐԱԼ
ՇԵՐՏ
ԲՅՈՒՐԵՂՆԵՐ
ԷՐՈԶԻԱ
ՀԱԼԱԾ
ՀԱՆԱԾՈ
ԳԵՅԶԵՐ
ԼԱՎԱ
ՀԱՆՔԱՅԻՆ
ՔԱՐ
ՍԱՐԱՀԱՐԹ
ՈՐՁԱՔԱՐ
ԱՂ
ՍՏԱԼԱԿՏԻՏ
ՀՐԱԲՈՒԽ
ԳՈՏԻ

61 - Cirque

Հ	Ծ	Կ	Ա	Խ	Ա	Ր	Դ	Թ	Ա	Ժ	Ն	Բ	Չ
Կ	Ե	Ն	Դ	Ա	Ն	Ի	Ն	Ե	Ր	Կ	Ւ	Չ	P
Ջ	Ճ	Բ	Փ	Վ	Ե	Յ	K	Փ	Ռ	Խ	Ո	Ս	Ծ
Ա	Հ	Ջ	A	Ս	Ւ	Ծ	Հ	Փ	Ի	Ղ	Յ	Ռ	Ծ
Է	Կ	Ծ	Ւ	Ո	Յ	Ռ	Ա	Գ	Թ	Թ	Թ	Ւ	Ք
Խ	Կ	Ր	Գ	Ո	Ր	Ե	Ն	Կ	Ի	Չ	Ւ	Ո	Փ
Ս	Ո	Գ	Ո	Հ	Ո	Մ	Դ	Ա	Ք	Զ	Ո	Ծ	Ջ
Ր	Ս	Ա	Կ	Բ	Կ	Շ	Ի	Բ	Ր	Ն	Տ	Ա	Ո
Ղ	Տ	Վ	Թ	Տ	Ա	Ժ	Ս	Ժ	Ա	Վ	Շ	Ր	Ն
Տ	Յ	Ւ	Ց	Ղ	E	Տ	Ա	Գ	Ն	Կ	Ժ	Ղ	Գ
Ո	Ո	Ժ	Պ	A	Մ	Ղ	Տ	Յ	Հ	Ա	Ա	Ա	L
Մ	Ւ	K	K	Գ	Թ	Ր	Ե	Ք	Շ	Պ	Ր	Ծ	Ե
Ս	Մ	Ճ	Ղ	Ռ	Ք	Բ	Ս	Թ	Ղ	Ի	Ե	Ը	Ր
Կ	Ա	Խ	Ա	Ր	Դ	Ա	Կ	Ա	Ն	Կ	Տ	Ո	Ի

ԱԿՐՈԲԱՏ
ԿԵՆԴԱՆԻՆԵՐ
ՀՆԱՐՔ
ՓՈՒՉԻԿՆԵՐ
ՏՈՄՍ
ԾԱՂՐԱԾՈՒ
ԿՈՍՏՅՈՒՄ
ՓԻՂ
ՋՈՆԳԼԵՐ
ԱՌՅՈՒԾ
ԿԱԽԱՐԴ
ԿԱԽԱՐԴԱԿԱՆ
ՇՈՈՒ
ԵՐԱԺՇՏՈՒԹՅՈՒՆ
ՇՔԵՐԹ
ԿԱՊԻԿ
ՀԱՆԴԻՍԱՏԵՍ
ՎՐԱՆ
ՎԱԳՐ

62 - Santé et Bien Être #1

Բ	Յ	Կ	Վ	Ի	Ր	Ո	Ւ	Ս	Ւ	Ա	Փ	Գ	Բ
Ժ	Ջ	Բ	Լ	Ա	Կ	Տ	Ի	Վ	Ո	Ս	Կ	Ծ	Ո
Ի	Տ	Ա	Թ	Ի	Ջ	Ց	Գ	Ձ	Դ	Օ	Ր	P	Ւ
Շ	Ղ	Կ	Ո	Շ	Ն	Ւ	Ո	Տ	Ա	Ղ	Ե	Դ	Ժ
Կ	Հ	Տ	Ւ	Ա	Ժ	Ի	Փ	Գ	Ի	Ե	Ն	Ց	Ո
Ց	Ո	Ե	Լ	Կ	H	Գ	Կ	E	Պ	Դ	Ր	Ժ	Ւ
Կ	Ր	Ր	Ա	Ց	Վ	Ջ	Չ	Ա	Ա	Տ	Ո	A	Մ
Ր	Մ	Ի	Ց	Մ	Ղ	Ն	Ձ	Ս	Ր	Յ	Կ	Շ	Է
Բ	Ո	Ա	Ո	Ո	Կ	Հ	Ա	Տ	Ե	Ձ	Ս	Փ	Ղ
Ո	Ն	Ն	Ւ	Շ	Ճ	Ա	E	Ս	Թ	Ւ	Ո	Ց	Փ
Մ	Ն	Ե	Մ	P	Ը	Թ	Ն	Ա	Վ	K	Յ	Խ	Ճ
Ի	Ե	Ր	Ժ	Հ	Ֆ	P	Մ	Ն	Է	Ա	Ձ	Ջ	Շ
Ո	Ր	Ի	Յ	Ս	Ք	Ե	Լ	Ֆ	Ե	Ռ	Ծ	E	Կ
Կ	Ո	Տ	Ր	Վ	Ա	Ծ	Ք	Շ	Ն	Ր	Ն	Ք	Խ

ԱԿՏԻՎ
ԲԱԿՏԵՐԻԱՆԵՐԻ
ՎՆԱՍՎԱԾՔ
ԿԼԻՆԻԿԱ
ՍՈՎ
ԿՈՏՐՎԱԾՔ
ՀՈՐՄՈՆՆԵՐ
ԲԺԻՇԿ
ԴԵՂ
ՄԿԱՆՆԵՐ
ՈՍԿՈՐՆԵՐ
ԿԱՇԻ
ԴԵՂԱՏՈՒՆ
ԹՈՒԼԱՑՈՒՄ
ՌԵՖԼԵՔՍ
ԹԵՐԱՊԻԱ
ԲՈՒԺՈՒՄ
ՎԻՐՈՒՍ

63 - Barbecues

Պ	Ն	Ղ	Պ	Ձ	Խ	Ո	Ս	Փ	Է	Լ	Ռ	Կ	E
Դ	Վ	Յ	Ղ	Հ	Ա	Ւ	Ֆ	Խ	Դ	Վ	Փ	Ռ	Ղ
Հ	Լ	Դ	Պ	H	Ղ	Ը	Ն	Թ	Ր	Ի	Ք	Ֆ	Ղ
Ա	Ք	Ե	Ե	Ր	Ե	Ն	Կ	Ա	Ն	Ա	Դ	Յ	Լ
Վ	Ր	Չ	Ղ	Ւ	Ր	Ե	Գ	Ր	Մ	Օ	Կ	Զ	A
Ը	Ե	K	Վ	Լ	Դ	Ր	Ժ	Լ	Ո	Լ	Ի	Կ	Ղ
Ճ	Ն	Ւ	Ո	Յ	Թ	Ւ	Ո	Տ	Շ	Ժ	Ա	Ր	Ե
Ա	Ա	Տ	Ս	Բ	Ա	Մ	Ա	Ռ	Ժ	Հ	Ե	Ւ	Ժ
Շ	Խ	Գ	Ա	Բ	Ս	Ո	Ո	Ւ	Ս	Յ	Ձ	Ի	Խ
Զ	Ե	Տ	Ր	Ն	Ե	Ղ	Ե	Ր	Ա	Ջ	Ն	Ա	Բ
A	Ր	Դ	Ա	Ի	Ի	Ա	Ղ	Ց	Ա	Ն	Ն	Ե	Ր
A	Ե	Ը	Ն	Ք	Լ	Ք	Կ	A	Դ	Ւ	Ձ	E	Թ
Ի	Ր	Հ	Ժ	Դ	Գ	Բ	Ջ	K	Գ	Փ	Զ	Չ	Չ
Ս	Ժ	Ձ	Գ	Ծ	Շ	Ճ	Ւ	Ս	Թ	Գ	Ս	Պ	Կ

ՏԱՔ
ԴԱՆԱԿՆԵՐ
ՃԱՇ
ԸՆԹՐԻՔ
ԵՐԵԽԱՆԵՐ
ԱՄԱՌ
ՍՈՎ
ԸՆՏԱՆԻՔ
ՄՐԳԵՐ
ԳՐԻԼ

ԽԱՂԵՐ
ԲԱՆՋԱՐԵՂԵՆ
ԵՐԱԺՇՏՈՒԹՅՈՒՆ
ՍՈԽ
ՊՂՊԵՂ
ՀԱՎ
ԱՂՑԱՆՆԵՐ
ՍՈՈՒՍ
ԱՂ
ԼՈԼԻԿ

64 - Animaux de Compagnie

Ժ	Տ	Ա	Ն	Ա	Ս	Ն	Ա	Բ	Ո	Ւ	Յ	Ժ	Ռ
Ե	Ո	Ր	Ո	Ր	Ղ	Ձ	Ճ	Վ	Ռ	Գ	Մ	Հ	Մ
Լ	K	Դ	Գ	P	Վ	Լ	Մ	Ժ	O	Ա	K	Բ	K
E	Ֆ	Ս	Է	Ռ	Կ	Ա	Չ	Ւ	O	Ց	Ր	Ւ	O
Լ	Ֆ	Մ	Ո	Ճ	Է	Կ	Ը	H	Է	Թ	Ե	Կ	Կ
Թ	Փ	Ե	Ս	Ի	Վ	Ո	Կ	Յ	O	Ն	Ր	Հ	Ճ
Խ	Փ	Ձ	Փ	Ր	Ե	Տ	Ս	Մ	Ա	Հ	Գ	H	Կ
Գ	Ձ	Ո	Ա	Ռ	Շ	Խ	Թ	Ո	Ւ	Թ	Ա	Կ	Ե
Ջ	Չ	Ւ	Տ	Մ	Ա	Ն	Յ	Ա	Կ	Լ	Ն	Գ	Է
Շ	Ո	Կ	Կ	Պ	Ս	Ի	Ծ	Յ	Ա	Ձ	Ա	Ն	Մ
Ջ	Պ	Ւ	Ձ	Ա	Ւ	Չ	Ր	Ա	Գ	Ա	Ճ	O	Ո
Ե	Ա	Ձ	Ր	Ք	Տ	Ջ	P	Կ	Ղ	H	Վ	Պ	Ւ
Ս	Ն	Ո	Ւ	Ն	Դ	Ո	Մ	Ո	Ղ	Ե	Ս	Ե	Կ
Բ	Ղ	Ը	Յ	Լ	Ձ	Ն	Ւ	Ո	Շ	Ր	Ժ	Գ	Ձ

ԿԱՏՈՒ
ԱՅԾԻ
ՇՈՒՆ
ԼԱԿՈՏ
ՄԱՆՅԱԿ
ՋՈՒՐ
ՃԱՆԱԳՐԵՐ
ՀԱՄՍՏԵՐ
ՃԱԳԱՐ

ՄՈՂԵՍ
ՍՆՈՒՆԴ
ԹՈՒԹԱԿ
ՁՈՒԿ
ՊՈՉ
ՄՈՒԿ
ԿՐԻԱ
ԿՈՎ
ԱՆԱՍՆԱԲՈՒՅԺ

65 - Forêt Tropicale

Ն	Ա	Տ	Ս	Ա	Պ	Ա	Ղ	Ս	E	Փ	Գ	Փ	Շ
Ւ	Մ	Ր	Ե	Ն	Ն	Ւ	Ո	Ս	Ա	Ն	Թ	Ա	Կ
Ո	Ի	Ե	Ժ	Ֆ	Ս	K	Է	Բ	Զ	Է	Գ	Թ	Ռ
Ց	Լ	Ն	Շ	Ե	Ի	Լ	Գ	Ն	Ւ	Ո	Ջ	Ռ	Թ
Թ	Կ	Կ	Հ	Օ	Ք	Ա	Գ	Ի	Ճ	Ջ	Ը	Չ	Ք
Ւ	Զ	Ա	Ա	A	Մ	Ա	Մ	Կ	Ծ	Ռ	Ի	Ո	Հ
Ո	Ռ	Ս	Մ	Բ	Չ	Ի	Վ	Պ	Պ	Հ	Ծ	Ւ	Ա
Ն	Ւ	Ե	Ա	Խ	H	Ր	Ջ	Ո	Ե	Թ	Լ	Ն	Ր
Բ	Ո	Տ	Ց	Թ	Ւ	P	Վ	Ա	Ր	Ր	Ն	Ն	Գ
Չ	Մ	Է	Ն	Ը	Մ	Ր	P	P	Տ	Ճ	Բ	Ե	Ա
Ս	Ա	Հ	Ք	Ժ	P	Ջ	Լ	H	H	Ն	Ե	Ր	Ն
A	Մ	Ւ	Ո	Ն	Գ	Ն	Ա	Կ	Ա	Ր	Ե	Վ	Ք
Բ	Ո	Ւ	Ս	Ա	Ն	Ի	Կ	Ա	Կ	Ա	Ն	Ր	Ո
Ջ	Պ	Ա	Հ	Պ	Ա	Ն	Ո	Ւ	Մ	Խ	Պ	Ս	Կ

ԲՈՒՍԱՆԻԿԱԿԱՆ
ԿԼԻՄԱ
ՀԱՄԱՅՆՔ
ՏԵՍԱԿՆԵՐ
ԲՆԻԿ
ՄԻՋԱՏՆԵՐ
ՋՈՒՆԳԼԻ
ԿԱԹՆԱՍՈՒՆՆԵՐ
ՄԱՄՈՒՌ
ԲՆՈՒԹՅՈՒՆ
ԱՄՊԵՐ
ԹՌՉՈՒՆՆԵՐ
ԱՐԺԵՔԱՎՈՐ
ՊԱՀՊԱՆՈՒՄ
ԱՊԱՍՏԱՆ
ՀԱՐԳԱՆՔ
ՎԵՐԱԿԱՆԳՆՈՒՄ

66 - Ferme #1

Ր	Է	Ո	Բ	Ձ	Ը	Ւ	Ց	Ե	Ձ	Ի	Խ	Ո	Զ
Հ	Ա	Վ	Ր	K	Կ	Փ	Ղ	Բ	Ջ	Ո	Ւ	Ր	Ծ
Մ	Դ	Ժ	Ի	K	Ի	Շ	A	Ց	K	Է	Խ	Ղ	Բ
Ճ	H	Ր	Ն	Ջ	Հ	Ց	Ժ	Խ	Ձ	Թ	Ռ	Ե	Օ
Հ	Է	Շ	Ձ	Ո	Խ	Ա	Ը	Ը	Է	Մ	E	Մ	Ր
Խ	Ո	Ա	Յ	Ծ	Ի	Ն	Ւ	Ո	Շ	Ե	Յ	Ձ	Է
Ե	Յ	Տ	Ա	Վ	Ո	Կ	Ո	Բ	Կ	Ղ	Չ	Դ	Լ
Տ	K	Շ	Հ	Ա	P	Ա	Տ	Զ	Օ	Ո	Ղ	Ֆ	Ծ
Ւ	A	Ո	Ո	Ռ	Շ	Պ	Ա	K	Ի	Ւ	Բ	Ֆ	Է
Տ	Ջ	Ֆ	Ն	Գ	Ց	Ա	Կ	Ժ	Կ	Բ	Կ	Ա	Օ
Ջ	Փ	Ւ	Ծ	Ա	Շ	Տ	A	A	Զ	Ջ	Չ	Ր	Ճ
Հ	Ո	Ր	Թ	Ո	Ջ	Ի	Ռ	K	Ե	Ձ	Ե	Ա	Փ
Դ	Ա	Շ	Տ	Խ	Խ	K	Փ	Է	Ժ	Տ	Զ	Ր	P
Պ	Ա	Ր	Ա	Ր	Տ	Ա	Ն	Յ	Ո	Ւ	Թ	Բ	Ք

ՄԵՂՈՒ
ԷՇ
ԲԻԶՈՆ
ԴԱՇՏ
ԿԱՏՈՒ
ՁԻ
ԱՅԾԻ
ՇՈՒՆ
ՑԱՆԿԱՊԱՏԻ
ԽՈԶ

ԱԳՌԱՎ
ՋՈՒՐ
ՊԱՐԱՐՏԱՆՅՈՒԹ
ՀԱՑ
ՄԵՂՐ
ՀԱՎ
ԲՐԻՆՁ
ՀՈՏ
ԿՈՎ
ՀՈՐԹ

67 - Café

Գ	Ք	Ս	Դ	P	Ձ	Գ	Շ	Ը	Շ	Ռ	Բ	Կ	Հ
Կ	Ի	Ֆ	Չ	Վ	Ջ	Տ	A	P	Տ	Ս	Ո	Ր	Դ
K	Լ	Ն	Ի	Ե	Ֆ	Ո	Կ	Վ	Ն	Տ	Ւ	Ե	Ա
Հ	Ե	Ձ	Դ	Ո	Ը	Վ	Ւ	Ե	Ս	Դ	Ր	Մ	Ռ
Օ	Պ	Ձ	Ծ	Ր	Չ	Ա	Ո	Ր	Ւ	Ս	Մ	E	Ը
Ճ	Մ	Ռ	Թ	Ա	Կ	Ռ	Ղ	Տ	Լ	Վ	Ո	Խ	Մ
Մ	Ը	Ծ	Ա	Ք	Գ	Ա	Ե	Լ	Յ	Լ	Ւ	Ը	Ա
E	Ց	Ք	Լ	Ա	Ի	Ո	Հ	Ի	Տ	Ղ	Ն	Չ	Հ
Գ	Թ	Ե	E	Շ	Յ	Ը	Ւ	Ֆ	K	E	Ք	Ֆ	P
Ծ	Ա	Մ	Ե	Լ	Ե	Մ	Խ	Մ	Տ	Շ	Չ	Յ	Ի
Չ	Վ	Ք	Յ	Տ	Ն	A	Դ	Թ	A	Յ	Ջ	H	Դ
Հ	Ա	Փ	Ո	Ը	Ո	Ւ	Հ	Հ	Ժ	Ք	Ղ	Ո	Ս
Ղ	Գ	Չ	Ն	Ջ	P	Է	Ի	Ք	A	Գ	Ի	A	Վ
Դ	Թ	Օ	Շ	Ջ	Ս	Չ	Մ	Ճ	Օ	H	K	Յ	Ց

ԴԱՌԸ
ԲՈՒՐՄՈՒՆՔ
ԽՄԵԼ
ԸՄՊԵԼԻՔ
ԿՈՖԵԻՆ
ԿՐԵՄ
ՋՈՒՐ
ՖԻԼՏՐ
ԿԱԹ
ՀԵՂՈՒԿ
ԱՌԱՎՈՏ
ԾԱՄԵԼ
ՍԵՒ
ԾԱԳՈՒՄ
ԳԻՆ
ՀԱՄԸ
ՇԱՔԱՐ
ԳԱՎԱԹ

68 - Antarctique

Հ	Թ	Ծ	Փ	Լ	Բ	Օ	Կ	Տ	Զ	Ջ	Գ	Բ	Ս
Ա	Թ	Ռ	Ժ	Հ	Ա	P	K	Ն	Ա	Ո	E	Ց	Ա
Ն	Ե	Յ	Չ	Ժ	Յ	Ս	Ո	Հ	Ժ	Ւ	Ե	H	Ռ
Ք	Ր	Յ	Տ	Ո	Ռ	Յ	Ա	Ժ	Ց	Ր	Ւ	Մ	Ց
Ա	Ա	Ճ	Ա	Մ	Ւ	Ո	Ն	Ա	Պ	Հ	Ա	Պ	Ա
Յ	Կ	Ց	Ծ	Ր	Ե	Ն	Ի	Ձ	Ղ	Կ	Ծ	Ո	Դ
Ի	Ղ	K	Շ	Է	Շ	Ն	Ն	Կ	Ե	Տ	Ե	Ր	Ա
Ն	Ձ	Ր	Ե	Ն	Կ	Ա	Ս	Ե	Տ	Ղ	Չ	Ե	Շ
Է	Ի	Կ	Ց	Ն	P	Կ	Վ	Ջ	Ր	Ջ	K	Պ	Տ
A	Ց	Յ	Ւ	Ո	Ռ	Ա	Ս	Ա	Ե	Հ	Լ	Մ	Ե
Ղ	Ո	Տ	Ո	Ձ	Ա	Տ	Ե	Հ	Խ	Լ	Ջ	Ա	Ր
Մ	Ի	Գ	Ր	Ա	Ց	Ի	Ա	Յ	Ի	Մ	Բ	Ց	Ռ
Ո	Ս	A	Ւ	Ձ	Հ	Գ	Ռ	Ր	Թ	Վ	Բ	K	Փ
Ջ	Ե	Ր	Մ	Ա	Ս	Տ	Ի	Ճ	Ա	Ն	Ը	Ի	Ա

ԲԱՑ
ԿԵՏԵՐ
ՀԵՏԱՁՈՏՈՂ
ՊԱՀՊԱՆՈՒՄ
ՋՈՒՐ
ՏԵՍԱԿՆԵՐ
ԱՐՇԱՎԱԽՄԲԻ
ՍԱՌՈՒՅՑ
ՍԱՌՑԱԴԱՇՏԵՐ
ԿՂԶԻՆԵՐ
ՄԻԳՐԱՑԻԱՅԻ
ՀԱՆՔԱՅԻՆ
ԱՄՊԵՐ
ԹՌՉՈՒՆՆԵՐ
ԹԵՐԱԿՂԶԻ
ԺԱՅՌՈՏ
ԳԻՏԱԿԱՆ
ՋԵՐՄԱՍՏԻՃԱՆԸ

69 - Professions #2

Ա	Ն	Ք	Բ	Պ	Բ	Դ	Ց	Ւ	Փ	Ս	Չ	Գ	Լ
Լ	Կ	Խ	Ն	Բ	Ր	Ե	Ն	Ե	Ժ	Ն	Ի	Ր	Ր
Կ	Ա	Շ	Չ	Ճ	Ճ	Տ	Ք	Ճ	Տ	Ի	Ր	Ա	Ա
Ճ	Ր	Ո	Ի	P	Ժ	Ե	Օ	Խ	Ի	Ռ	Ա	Դ	Գ
Չ	Ա	Ւ	Ր	Ժ	Դ	Կ	Է	Ծ	Ե	Ղ	Կ	Ա	Ր
Փ	Գ	Ս	Ա	Յ	Բ	Տ	Տ	Զ	Զ	Ա	Ն	Ր	Ո
Ի	Ր	Ո	Կ	Ւ	Ճ	Ի	Օ	Կ	Ե	Յ	Շ	Ա	Ղ
Լ	Ո	Ւ	Ն	Ո	Պ	Վ	Դ	Ե	Ր	Գ	Շ	Ն	Լ
Ի	Ղ	Ց	Ա	Բ	Վ	Ն	Ա	Ն	Ա	Ե	Դ	Ա	Տ
Ս	Թ	Ի	Ս	Ա	Դ	P	Չ	Ս	Գ	Պ	H	Վ	Մ
Ո	Ւ	Չ	Ւ	Ր	Ք	Ձ	Ո	Ա	Ե	Ա	Օ	Ա	Յ
Փ	Ք	Մ	Ո	Ի	Ա	P	Ւ	Բ	Տ	Ն	Տ	Ր	Ջ
Ա	Յ	Ռ	Լ	Վ	Ր	Ա	Ր	Ա	Տ	Ւ	Ո	Յ	Գ
Լ	Ե	Զ	Վ	Ա	Բ	Ա	Ն	Ն	Ծ	Ւ	Ի	Է	K

ՏԻԵԶԵՐԱԳԵՏ
ԳՐԱԴԱՐԱՆԱՎԱՐ
ԿԵՆՍԱԲԱՆ
ՎԻՐԱԲՈՒՅԺ
ԴԵՏԵԿՏԻՎ
ՈՒՍՈՒՑԻՉ
ՆԿԱՐԱԳՐՈՂ
ԻՆԺԵՆԵՐ
ԳՅՈՒՏԱՐԱՐ
ԱՅԳԵՊԱՆ
ԼՐԱԳՐՈՂ
ԼԵԶՎԱԲԱՆ
ԲԺԻՇԿ
ՆԿԱՐԻՉ
ՓԻԼԻՍՈՓԱ
ԼՈՒՍԱՆԿԱՐԻՉ
ՕԴԱՉՈՒ

70 - Les Abeilles

Տ	H	K	Զ	Ե	Վ	Ծ	Հ	Ձ	H	Ւ	Ո	Դ	Ծ
Թ	Ա	Գ	Ո	Ւ	Հ	Ի	Գ	Յ	Ա	Փ	E	A	Ք
Մ	Ի	Ձ	Ե	Մ	P	Ս	Տ	Ը	A	Ը	Ք	Մ	Փ
Ե	Շ	Է	Կ	Ո	Հ	Ա	Մ	Ա	Կ	Ա	Ր	Գ	Ո
Ղ	Վ	Ա	Ը	E	Ժ	Չ	Փ	Գ	P	Ք	E	Հ	Փ
Ր	Մ	Շ	Հ	Ջ	Ժ	Տ	Ե	Ս	P	Ր	Թ	Ս	Ո
Ե	Տ	Թ	O	Ա	Ո	L	Թ	Ն	Ծ	Ե	Ր	Թ	Փ
Ն	Պ	Ծ	E	Թ	Վ	Ր	Ա	Ո	Ը	Գ	Ր	Ք	Ո
Կ	Ի	L	Ֆ	Ե	Զ	Ե	Կ	Ւ	Ց	Ր	Մ	Չ	Խ
Ի	Ո	Ձ	Խ	Ւ	Փ	Ս	Տ	Ն	Ո	Մ	Ո	Վ	Ո
Ղ	Ց	E	Զ	Ե	A	Յ	Ա	Դ	Ե	Ղ	Մ	Ե	Ղ
Ա	E	Պ	Ի	Ր	L	Ւ	Ջ	Ւ	Զ	L	Զ	Ա	P
Ծ	Ա	Ր	Ե	Ւ	A	Ո	Ի	Տ	Խ	Ւ	Ո	Ծ	Ը
Գ	Զ	Չ	Ի	Գ	Է	Բ	Մ	Ը	Հ	Ե	Ջ	Պ	A

ԹԵՒԵՐ
ՇԱՀԱՎԵՏ
ՄՈՄ
ԵՐԹ
ԷԿՈՀԱՄԱԿԱՐԳ
ԾԱՂԻԿՆԵՐ
ՄՐԳԵՐ
ԾՈՒԽ
ՄԻՋԱՏ
ԱՅԳԻ
ՄԵՂՐ
ՍՆՈՒՆԴ
ԲՈՒՅՍԵՐ
ՊՈԼԵՆ
ՓՈՓՈՓՈԽՈՂ
ԹԱԳՈՒՀԻ
ՓԵԹԱԿ
ԱՐԵՒ

71 - Santé et Bien Être #2

Մ	Ա	Մ	Ւ	Ո	Ն	Գ	Ն	Ա	Կ	Ա	Ր	Ե	Վ
Հ	Կ	Է	Ն	Յ	Ի	Լ	Ւ	Ի	Է	Հ	H	Ժ	Ջ
K	Ի	Տ	Ի	Զ	Մ	Ե	Ո	Մ	Ն	Ի	Ս	Ֆ	Ր
Ղ	Տ	Վ	Մ	Ն	Ր	Ց	Յ	Ո	Ե	Գ	Թ	Վ	Ա
Հ	Ե	Կ	Ա	Ր	Ա	Վ	Թ	Տ	Ր	Ի	Ր	Վ	Ջ
Մ	Ն	Ա	Տ	Ն	Մ	Ք	Ւ	Ա	Գ	Ե	Ե	E	Ր
Ա	Ե	Ժ	Ի	Վ	Դ	Դ	Ո	Ն	Ի	Ն	Ս	Դ	Ա
Ր	Գ	Ր	Վ	Կ	Թ	Ա	Դ	Ա	Ա	Ա	Ը	Ի	Ց
Յ	Է	Ո	Ս	Ւ	Ա	Ф	Ն	Ջ	Օ	Մ	Ք	Ե	Ո
Ա	Չ	Խ	Օ	Ո	Ն	Չ	Ա	Ո	Կ	Ա	Ա	Տ	Ւ
Ն	Կ	Ա	Գ	Ֆ	Ւ	Ի	Վ	Ր	Ց	Ռ	Շ	Ա	Մ
Ը	Թ	Է	Բ	Շ	Ե	Մ	Ի	A	Ե	Ո	Ը	H	Ջ
Ա	Լ	Ե	Ր	Գ	Ի	Ա	Հ	Ռ	Ի	Ղ	Ջ	E	Ո
Չ	Ց	Ս	Ն	Ո	Ւ	Ց	Ո	Ւ	Մ	Ջ	Զ	Օ	Չ

ԱԼԵՐԳԻԱ
ԱՆԱՏՈՄԻԱ
ԱԽՈՐԺԱԿ
ՄԱՐՄԻՆ
ՋՐԱԶՐԱՑՈՒՄ
ԴԻԵՏԱ
ԷՆԵՐԳԻԱ
ԳԵՆԵՏԻԿԱ
ՀԻՎԱՆԴԱՆՈՑ
ՀԻԳԻԵՆԱ
ՎԱՐԱԿ
ՀԻՎԱՆԴՈՒԹՅՈՒՆ
ՄԵՐՍՈՒՄ
ՍՆՈՒՑՈՒՄ
ՔԱՇԸ
ՎԵՐԱԿԱՆԳՆՈՒՄ
ԱՌՈՂՋ
ԱՐՅԱՆ
ՍԹՐԵՍ
ՎԻՏԱՄԻՆ

72 - Conduite

Հ	Լ	Ը	Ե	Խ	Ղ	Ժ	Վ	Ա	Ռ	Ե	Լ	Ի	Ք
Ր	Ե	Ն	Կ	Ա	Լ	Ե	Գ	Ր	Ա	Օ	Փ	Ճ	Ա
Ա	Ն	Տ	Ա	Շ	Ա	Ր	Ժ	Ո	Ւ	Մ	Ո	Ա	Վ
Վ	Ւ	Մ	Ի	Ն	Է	Խ	E	Է	Ձ	Փ	Խ	Ն	Տ
Տ	Ո	Ո	Զ	Ո	Ճ	Փ	Օ	Ծ	Է	Ջ	Ա	Ա	Ո
Ո	Թ	Տ	Ն	Վ	Տ	A	Ո	Տ	Ը	Հ	Դ	Պ	Տ
Բ	Ն	Ո	Ե	Փ	Մ	Ն	Շ	Ղ	Հ	Պ	Ր	Ա	Ն
Ո	Ա	Ց	Ց	Օ	Ո	Ս	Ա	Ճ	Ո	Յ	Ո	Ր	Ա
Ւ	Ն	Ի	Ի	Շ	Տ	H	Դ	Յ	Ա	Ց	Ւ	Հ	Կ
Ս	Ե	Կ	Լ	Ռ	Ո	Գ	Տ	Ք	Ի	Ծ	Մ	Չ	K
Ջ	Ք	Լ	Ւ	Ռ	Ր	K	Ա	Օ	Գ	Ն	Ա	Տ	Վ
Բ	Ե	Ռ	Ն	Ա	Տ	Ա	Ր	Զ	Ե	Տ	Ր	Ա	Ք
P	Մ	Օ	Փ	Ծ	Վ	Թ	Ա	Ր	Է	Օ	Ռ	Խ	Գ
Ա	Ր	Ա	Գ	Ո	Ւ	Թ	Յ	Ո	Ւ	Ն	Է	Հ	Ք

ՎԹԱՐ
ԱՎՏՈԲՈՒՍ
ԲԵՌՆԱՏԱՐ
ՎԱՌԵԼԻՔ
ՔԱՐՏԵԶ
ՎՏԱՆԳ
ԱՐԳԵԼԱԿՆԵՐ
ԱՎՏՈՏՆԱԿ
ԳԱԶ
ԼԻՑԵՆԶԻԱ
ՄՈՏՈՐ
ՄՈՏՈՑԻԿԼ
ՀԵՏԻՈՏՆԱՅԻՆ
ՃԱՆԱՊԱՐՀ
ՓՈՂՈՑ
ՇԱՐԺՈՒՄ
ՓՈԽԱԴՐՈՒՄ
ԹՈՒՆԵԼ
ԱՐԱԳՈՒԹՅՈՒՆ
ՄԵՔԵՆԱ

73 - Plantes

Պ	Ծ	Ղ	Վ	Ռ	Ւ	Թ	Ր	Ա	Ղ	Ա	Ս	Ծ	Պ
Ս	Ա	Ն	Ս	Է	Ե	Ե	Ա	Ր	Մ	Ա	Տ	Ջ	Ա
Չ	Ղ	Գ	Ւ	Պ	Ր	Ր	Ր	Յ	Ֆ	Ը	Բ	Ը	Ր
Շ	Ի	Բ	Ո	Լ	Ա	P	P	Ե	Ն	Ջ	Ն	Ձ	Ա
Ծ	Կ	Ա	Տ	Օ	Դ	Ո	Ը	Ռ	Տ	Կ	Չ	Ե	Ր
Կ	Ա	Յ	Կ	Փ	Փ	Վ	Ղ	Հ	Ե	Ը	K	Ի	Տ
Բ	Բ	Գ	Ա	H	Չ	Դ	E	Տ	Ձ	Վ	Մ	Ց	Ա
Ք	Ո	Ի	Կ	Ա	Ճ	Հ	Ջ	Ճ	Ա	Ջ	Ւ	Վ	Ն
Մ	Ռ	Ւ	Ո	Մ	Ա	Մ	Ֆ	Ծ	Ա	Ճ	Ե	Լ	Յ
Ի	Խ	Պ	Շ	Կ	K	Ը	Ց	Լ	Ժ	Վ	Ֆ	Ճ	Ո
Հ	Ա	Տ	Ա	Պ	Տ	Ո	Ւ	Ղ	Ո	Ժ	Չ	A	Ւ
Ջ	Է	Ա	Ն	Տ	Ա	Ռ	Ն	Վ	E	Ր	Ո	Ն	Թ
Շ	Գ	Վ	Ղ	Ո	Ծ	Ա	Չ	Ղ	Ր	Ք	Ա	Վ	Լ
Ո	Վ	Ջ	Օ	Խ	Շ	Ծ	Բ	Ա	Մ	Բ	Ո	Ո	Ց

ԾԱՌ
ՀԱՏԱՊՏՈՒՂ
ԲԱՄԲՈՈ
ԲՈՒՇ
ԿԱԿՏՈՒՍ
ՊԱՐԱՐՏԱՆՅՈՒԹ
ՍԱՂԱՐԹ
ՏԵՐԵՒ
ԾԱՂԻԿ
ՖԼՈՐԱ
ԱՆՏԱՌ
ԱՃԵԼ
ԼՈԲԻ
ԽՈՏ
ԱՅԳԻ
ՄԱՄՈՒՌ
ԹԵՐ
ԱՐՄԱՏ
ԱՐԵՒ
ՀԻՄՔ

74 - Ferme #2

Խ	Դ	Հ	Զ	Ն	Ս	Կ	Ռ	Ք	Ջ	Ղ	K	Ի	Մ
Ս	Ն	Ո	Ւ	Ն	Դ	Ե	Ա	Մ	Ա	Լ	Կ	Գ	Ր
Ք	H	Ն	Դ	Ե	Ա	Ն	Գ	Թ	Ֆ	Օ	Ֆ	Յ	Գ
Հ	Բ	P	Ծ	Ր	Բ	Դ	H	Ա	Ե	Խ	Ե	Ա	Ե
Բ	Ո	Դ	Մ	Ո	Շ	Ա	Օ	Կ	Ա	Փ	Ր	Ւ	Ր
Վ	Ո	Վ	Գ	Ց	K	Ն	Յ	Ն	Գ	Լ	Մ	Ո	Թ
Շ	Պ	Ւ	Ի	Ը	Ը	Ի	Ր	Ա	Գ	Մ	Ե	Տ	Ռ
Լ	Ք	Ժ	Ս	Վ	Վ	Ն	Ծ	Ի	Ի	P	Ր	Ա	Ց
Ղ	Պ	Ք	K	Ա	H	Ե	Գ	E	Ր	Յ	Կ	Ղ	Ո
Թ	Հ	Ջ	Ճ	Ռ	Կ	Ր	Ո	Տ	Կ	Ա	Ր	Տ	Չ
Ե	Ն	Ի	Տ	Ե	Գ	Ա	Գ	Ր	Ա	Մ	Ճ	Պ	Խ
Ս	H	Ի	Մ	Ի	Ե	Ց	Ն	Հ	Տ	Օ	Ջ	Ո	Ա
Թ	Ը	Փ	Մ	Գ	Ա	Մ	Ւ	Ո	Գ	Ո	Ռ	Ո	Ր
Ե	Գ	Ի	Պ	Տ	Ա	Ց	Ո	Ր	Ե	Ն	Ի	Ս	Ջ

ԳԱՌ
ՖԵՐՄԵՐ
ԿԵՆԴԱՆԻՆԵՐ
ՀՈՎԻՎ
ՑՈՐԵՆ
ԲԱԴ
ՄՐԳԵՐ
ԳԱՄ
ՈՌՈԳՈՒՄ
ԿԱԹ
ԼԱՄԱ
ԲՈՒՍԱԿԱՆ
ԵԳԻՊՏԱՑՈՐԵՆ
ՈՉԽԱՐ
ՍՆՈՒՆԴ
ԳԱՐԻ
ՄԱՐԳԱԳԵՏԻՆ
ՓԵԹԱԿ
ՏՐԱԿՏՈՐ
ՊՏՂԱՏՈՒ ԱՅԳԻ

75 - Vacances #2

Օ	Լ	Դ	Փ	A	Ք	Դ	Վ	K	Խ	Ղ	Պ	Լ	Խ
Ա	Դ	Ո	Կ	Ո	Ձ	Է	E	Յ	Լ	Թ	Ղ	Ո	Հ
Ն	Պ	Ա	Ղ	Խ	Խ	H	Թ	Հ	Գ	Ս	Զ	Լ	Ի
Ձ	Ո	Զ	Ն	Ա	Ն	Ա	Ր	Ո	Տ	Ս	Ե	Ռ	Ո
Ն	Ժ	Ի	Ո	Ա	Փ	Յ	Դ	Բ	Գ	Օ	Տ	Ա	Ր
Ա	Ց	Վ	Տ	Ֆ	Վ	Ա	Շ	Ր	Ա	H	Չ	E	Ե
Գ	Օ	Օ	Հ	Ա	Ո	Ա	Յ	Ո	Ո	Խ	H	Վ	Ն
Ի	Ս	Ք	Ա	Տ	Ծ	Ս	Կ	Ե	Ժ	Ւ	Բ	Ր	Ռ
Ր	P	Ն	Պ	Ռ	Տ	A	K	Ա	Ծ	Ֆ	Մ	Ա	Ե
Կ	Փ	Ա	Ձ	Շ	Ք	Դ	Կ	Թ	Յ	K	Հ	Ն	Լ
Ղ	Հ	Յ	Ո	Ւ	Ր	Ա	Ն	Ո	Ց	Ա	Դ	Ձ	Ս
Զ	Ե	Տ	Ր	Ա	Ք	Չ	Ճ	Դ	H	Թ	Ն	E	A
Ի	Ճ	Ա	Մ	Բ	Ո	Ր	Դ	Ո	Ւ	Թ	Ի	Ւ	Ն
Ֆ	Թ	Թ	Յ	Հ	Օ	Գ	Ն	Ա	Ց	Ք	Ր	Շ	Մ

ՕԴԱՆԱՎԱԿԱՅԱՆ
ԱՐՇԱՎ
ՔԱՐՏԵԶ
ՕՏԱՐ
ՀՅՈՒՐԱՆՈՑ
ԿՂԶԻ
ԾՈՎ
ԼԵՌՆԵՐ
ԱՆՁՆԱԳԻՐ
ԼՈՂԱՓ
ՌԵՍՏՈՐԱՆ
ՏԱՔՍԻ
ՎՐԱՆ
ԳՆԱՑՔ
ՓՈԽԱԴՐՈՒՄ
ՏՈՆ
ՎԻԶԱ
ՃԱՄԲՈՐԴՈՒԹԻՒՆ

76 - Temps

Ի	Ղ	Կ	Ձ	Ի	E	Հ	Ա	Թ	Գ	Օ	Տ	Ա	Տ
Մ	Ֆ	Շ	Ե	Օ	Տ	Բ	Մ	Է	Ի	Ր	Ա	Պ	Ա
Հ	Ո	Ղ	Չ	Ր	Յ	Յ	Ի	Ք	Շ	Ա	Ս	Ա	Ր
Շ	Ա	Բ	Ա	Թ	Ե	Ձ	Ս	Ը	Ե	Ց	Ն	Գ	Ե
Ժ	Ա	Մ	Ա	Ց	Ո	Ւ	Յ	Ց	Ր	Ո	Ա	Ա	Կ
Կ	Ե	Ս	Օ	Ր	Ց	Գ	P	Ղ	L	Ւ	Մ	Դ	Ա
Ր	Ը	Ա	L	Գ	Ց	Օ	Կ	Շ	Ջ	Յ	Յ	Ա	Ն
Վ	Ր	Ո	Պ	Ե	Մ	Պ	Գ	Ռ	Ը	Ց	Ա	Ր	H
Ք	Ո	Է	Ն	Ա	Խ	Ք	Ա	Ն	Յ	Ա	Կ	Խ	Յ
Ժ	Տ	Տ	Ա	Ր	Ի	Հ	Ժ	Ա	Մ	Ռ	Ա	Ժ	L
Ձ	Ե	Տ	Ւ	Ժ	Օ	Ձ	Ս	Ղ	Ջ	Ա	Ւ	Է	Ը
Ռ	Հ	Տ	Գ	Ո	H	Հ	Ի	Մ	Ա	Վ	Ր	Ջ	Ռ
Վ	Է	Թ	A	Շ	Շ	Չ	Գ	Ա	Ձ	Ո	Գ	Ի	Շ
Թ	E	Ռ	Զ	A	Պ	Խ	Ս	Ո	H	Տ	A	Յ	Ճ

ՏԱՐԻ
ՏԱՐԵԿԱՆ
ՀԵՏՈ
ՆԱԽՔԱՆ
ՇՈՒՏՈՎ
ՕՐԱՑՈՒՅՑ
ՏԱՍՆԱՄՅԱԿ
ԱՊԱԳԱ
ԺԱՄ
ԵՐԵԿ
ԺԱՄԱՑՈՒՅՑ
ՕՐ
ՀԻՄԱ
ԱՌԱՎՈՏ
ԿԵՍՕՐ
ՐՈՊԵ
ԱՄԻՍ
ԳԻՇԵՐ
ՇԱԲԱԹ
ԴԱՐ

77 - Maison

Ց	Գ	Ր	Ա	Դ	Ա	Ր	Ա	Ն	Ը	Ձ	Վ	Պ	Բ
Ա	Ց	Ր	Ս	Ձ	Ֆ	H	Ն	A	Պ	Մ	Ա	L	Ո
Ն	Ն	O	Ո	Ճ	Ո	Տ	Ա	H	Գ	Ճ	Ր	Հ	Ւ
Կ	Ց	Է	Տ	Գ	Ղ	Ա	Տ	Ս	Ա	Ռ	Ա	Ա	Խ
Ա	Ո	Ծ	Ա	Շ	Ը	Ւ	Կ	Ա	Ա	Ջ	Գ	Յ	Ա
Պ	Ւ	Խ	Ն	Թ	Ր	Շ	Ր	Գ	Պ	Ժ	Ո	Ե	Ր
Ա	Ղ	Ո	Ի	L	Ե	Վ	Ա	Խ	Ա	Ց	Ւ	L	Ի
Տ	Ե	Հ	Ք	Ի	Ն	Ք	Ն	Յ	Ո	Ճ	Յ	Ի	Ծ
Ի	Դ	Ա	Է	Պ	Ի	O	Ռ	Ց	Գ	Շ	Ր	Ծ	Շ
Շ	Բ	Ն	Վ	Ձ	L	H	Ե	Չ	Ծ	Ի	Ն	Ա	Ր
Ռ	Ւ	Ո	Դ	L	Ա	Ց	Ձ	Չ	Ջ	Ւ	Ե	Կ	Ք
Վ	Ե	Ց	Կ	Ա	Ն	Տ	Ո	Տ	Վ	Ա	Ր	Պ	K
Է	Է	Կ	Ժ	E	Ա	Ս	Ե	Ն	Յ	Ա	Կ	P	O
Ձ	Ղ	Ե	H	L	Բ	Պ	Ա	Տ	Ո	Ւ	Հ	Ա	Ն

ՑԱԽԱՎԵԼ
ԳՐԱԴԱՐԱՆ
ՍԵՆՅԱԿ
ԲՈՒԽԱՐԻ
ԲԱՆԱԼԻՆԵՐԸ
ՑԱՆԿԱՊԱՏԻ
ԽՈՀԱՆՈՑ
ՑՆՑՈՒՂ
ՊԱՏՈՒՀԱՆ
ԱՎՏՈՏՆԱԿ

ՁԵՌՆԱՐԿ
ԱՅԳԻ
ԼԱՄՊ
ՀԱՅԵԼԻ
ՊԱՏ
ԱՌԱՍՏԱՂ
ԴՈՒՌ
ՎԱՐԱԳՈՒՅՐՆԵՐ
ԳՈՐԳ
ՏԱՆԻՔ

78 - Légumes

Ն	Ե	Խ	Ո	Ւ	Ր	Ս	Ս	Ը	Ց	Շ	Ղ	Օ	Ա
Ա	Փ	Ո	Ր	Գ	Ո	Ո	H	Մ	Ւ	Ո	Դ	Դ	Ր
Ց	Ա	Ս	Ա	Ծ	Տ	Ւ	Շ	Ա	Բ	Ե	K	Ի	Տ
Ղ	Թ	Ը	Զ	Մ	Խ	Ն	Գ	Գ	Ո	Ո	Փ	Ղ	Ի
Ա	Ֆ	Ք	Ա	Զ	Ս	Կ	Ջ	Ղ	Ս	Գ	Ւ	Ծ	Ճ
Կ	Բ	Ղ	Գ	Ն	Ւ	Ո	Ր	Ա	Վ	Ց	E	Կ	Ո
Շ	Ո	Ո	E	Ձ	K	Դ	Ձ	Շ	Դ	E	Զ	Ի	Ւ
Ա	Լ	Ճ	Ղ	Ւ	Ո	Տ	Պ	Ա	Թ	Ի	Ձ	Լ	Կ
Լ	Ո	H	Ա	Կ	Մ	Ա	Ղ	Ա	Դ	Ա	Ն	Ո	Ս
Ո	Լ	Ֆ	H	Պ	Ս	Պ	Ա	Ն	Ա	Խ	Բ	Կ	Ջ
Տ	Ի	Ձ	Զ	Ռ	Ղ	Ս	Ի	Ս	Ե	Ռ	H	Կ	Փ
Թ	Կ	Ց	Ս	Ե	Ց	Պ	Լ	Ջ	Գ	Ք	Ռ	Ո	Ձ
Օ	A	Ձ	Լ	Ծ	Շ	Բ	Ե	Գ	Զ	Ֆ	H	Ր	Մ
Պ	Ծ	Ե	Դ	Ո	Օ	Ե	Յ	Ղ	Ց	Ծ	Յ	Բ	Ի

ՍԽՏՈՐ
ԱՐՏԻՃՈՒԿ
ՍՄԲՈՒԿ
ԲՐՈԿԿՈԼԻ
ԳԱԶԱՐ
ՆԵԽՈՒՐ
ՍՈՒՆԿ
ԴԴՈՒՄ
ՎԱՐՈՒՆԳ
ՇԱԼՈՏ
ՍՊԱՆԱԽ
ԿՈՃԱՊՂՊԵՂ
ՇԱՂԳԱՄ
ՍՈԽ
ՁԻԹԱՊՏՈՒՂ
ՄԱՂԱԴԱՆՈՍ
ՍԻՍԵՌ
ԲՈՂԿ
ԱՂՑԱՆ
ԼՈԼԻԿ

79 - Plage

Ա	Ա	Ձ	Ռ	Դ	Կ	Ր	K	Վ	Գ	Փ	Հ	Օ	Ը
Ր	Ս	Վ	Փ	Պ	Ղ	Պ	Ն	Ն	Ֆ	Հ	Ո	Փ	Ծ
Ե	Ս	Ր	Ա	Ջ	Չ	Ի	Ի	Ծ	Ս	Պ	Վ	Թ	Ո
Ւ	Ա	Խ	Բ	Չ	Ի	Տ	Յ	Ւ	Ո	Պ	Ա	Կ	Վ
Ճ	Ն	Կ	Ա	Ի	Ճ	Ռ	Ծ	E	Ն	Յ	Ն	Ւ	Ա
Թ	Դ	Ճ	Դ	Հ	Չ	Ր	Ո	Լ	Ա	Ղ	Ո	Լ	Խ
Տ	Ա	Ո	Բ	Լ	Յ	Ա	Ս	Է	Ի	Խ	Ց	Ծ	Ե
Ղ	Լ	Ր	H	Ւ	Ք	Ի	Գ	Չ	Կ	Ռ	Ո	Վ	Ց
Վ	Ն	Ձ	Է	Հ	Հ	Ը	Ւ	Ժ	Վ	Ե	Ծ	Ճ	Գ
Ո	Ե	Է	Թ	Է	Լ	Ճ	Մ	H	Օ	Լ	Ա	K	Ե
Դ	Ր	Ւ	Ո	Կ	Ա	Ջ	Ր	Ա	Թ	Ի	Վ	E	Տ
Ն	Ա	Վ	Ա	Կ	Ժ	Տ	Դ	Փ	Գ	Ե	Ո	H	Ի
Ն	Ը	Ն	Ո	Ք	K	Ա	P	Ձ	Ռ	Ֆ	Ծ	Ս	Ն
Ի	Ժ	Փ	Ո	Ծ	Ճ	Ճ	Պ	Ֆ	Բ	K	Ռ	Ղ	Ռ

ՆԱՎԱԿ
ԿԱՊՈՒՅՏ
ԱՓ
ԾՈՎԱԽԵՑԳԵՏԻՆ
ԿՂԶԻ
ԾՈՎԱՃՈՑ
ԾՈՎ
ԼՈՂԱԼ
ՕՎԿԻԱՆՈՍ
ՀՈՎԱՆՈՑ
ՌԵԼԻԵՖ
ԱՎԱԶ
ՍԱՆԴԱԼՆԵՐ
ՍՐԲԻՉ
ԱՐԵՒ
ԱՐՋԱԿՈՒՐԴ
ՍԱՅԼԲՈԱՏ

80 - Vacances #1

Ֆ	Ֆ	Կ	Ց	Ճ	Ֆ	Ծ	Մ	Ե	Կ	Ն	Ո	Ւ	Մ
Տ	Ո	Ւ	Ր	Ի	Ս	Տ	Կ	Մ	Ա	Է	Կ	Գ	H
Ի	Լ	Ո	Մ	Ղ	Յ	Է	Ֆ	Չ	Ս	Ա	Ս	Թ	Ժ
Տ	Ի	Ր	Ջ	Ւ	Գ	Ա	Թ	Յ	Ւ	Ո	Ժ	Ր	Ա
Ո	Ճ	Պ	Բ	Ո	Հ	Ն	Վ	K	Ո	Բ	Յ	Թ	Մ
Մ	Ճ	Մ	Ն	Թ	Կ	Չ	Ա	Մ	Յ	Ճ	Խ	Ո	Ա
Ս	P	Ա	Ա	Ր	P	Շ	Է	Լ	Ա	Է	Ս	Ւ	Ք
Ջ	Խ	Ճ	Ր	Ե	Ղ	Վ	Ի	Ը	Պ	Ր	Չ	Լ	Ս
Ա	Ր	Շ	Ա	Վ	Ա	Խ	Մ	Բ	Ի	Ծ	Տ	Ա	Ա
Մ	Պ	Չ	Գ	Ջ	Յ	Ն	Լ	Ղ	Ո	Խ	Կ	Ց	Յ
Ր	Կ	Ֆ	Ն	Ր	K	Ց	Գ	Ո	Թ	Բ	Լ	Ո	Ի
Հ	Ո	Վ	Ա	Ն	Ո	Ց	E	Ս	Ղ	Ր	Գ	Ւ	Ն
H	Ռ	Ի	Թ	Ա	Ն	Ք	Ն	Ի	Ա	Ա	Խ	Մ	K
Մ	Ե	Ք	Ե	Ն	Ա	Ց	Լ	Ւ	Ե	Է	Լ	Ձ	Հ

ԳՆԱԼ
ԻՆՔՆԱԹԻՌ
ՏՈՄՍ
ԱՐԺՈՒՅԹ
ՄԵԿՆՈՒՄ
ՄԱՔՍԱՅԻՆ
ԱՐՇԱՎԱԽՄԲԻ
ԵՐԹՈՒՂԻ
ԼԻՃ
ԹԱՆԳԱՐԱՆ
ԼՈՂԱԼ
ՀՈՎԱՆՈՑ
ԹՈՒԼԱՑՈՒՄ
ՊԱՅՈՒՍԱԿ
ՏՈՒՐԻՍՏ
ՏՐԱՄՎԱՅ
ՃԱՄՊՐՈՒԿ
ՄԵՔԵՆԱ

81 - Famille

Ե	Ս	Վ	Տ	Ն	Պ	Ք	Փ	Կ	Յ	Ր	Զ	Մ	Չ
E	Ղ	Ծ	Ծ	Ա	Ա	Ո	Հ	Չ	Ի	Ե	Ղ	Ա	Ջ
Հ	K	Բ	H	Կ	Պ	Ւ	Բ	Ջ	Ա	Ն	Բ	Ն	Ղ
Տ	Ն	Ւ	Ո	Ա	Ի	Յ	Գ	Տ	Մ	Ա	Ը	Կ	Հ
Զ	Բ	Ձ	Ղ	Ր	Կ	Ր	Խ	Մ	Ո	Խ	Ի	Ո	Ա
Ր	Ա	Փ	Գ	Յ	Ո	Ւ	Ծ	Ա	Ւ	Ե	Ն	Ւ	Յ
Յ	Ր	Ր	Մ	Ա	Ր	Ր	A	Յ	Ս	Ր	Ո	Թ	Ր
Ա	A	Տ	Մ	Մ	Շ	Յ	Դ	Ր	Ի	Ե	Ք	Յ	Ա
Հ	Ա	Յ	Ր	Ի	K	Ա	H	Ի	Ն	K	Տ	Ո	Կ
Ա	Խ	Է	Տ	Կ	Կ	Բ	Տ	Վ	Ն	Փ	Ա	Ւ	Ա
Խ	Ե	Ր	Յ	Ա	Բ	Ղ	Ե	Ր	Ո	Հ	Տ	Ն	Ն
Ա	Ր	Շ	A	Ա	K	Ե	Ս	Օ	Ֆ	Տ	Ի	Ռ	Վ
Ն	Ե	Դ	Ո	Ւ	Ս	Տ	Ր	Շ	Ւ	Ր	Կ	E	Կ
Հ	Ե	Տ	Ա	Զ	Գ	Ո	Ւ	Ր	Ս	Ձ	Պ	Ղ	Մ

ՆԱԽԱՀԱՅՐ
ԶԱՐՄԻԿ
ՄԱՆԿՈՒԹՅՈՒՆ
ԵՐԵԽԱ
ԵՐԵԽԱՆԵՐ
ԿԻՆԸ
ԴՈՒՍՏՐ
ԵՂԲԱՅՐ
ՏԱՏԻԿ
ՊԱՊԻԿ
ԱՄՈՒՍԻՆ
ՄԱՅՐԱԿԱՆ
ՄԱՅՐ
ԵՂԲՈՐՈՐԴԻՆ
ՀԵՏԱԶԳՈՒՐՍ
ՀՈՐԵՂԲԱՅՐ
ՀԱՅՐԱԿԱՆ
ՀԱՅՐ
ՔՈՒՅՐ
ԱՈՒՆՏ

82 - Oiseaux

Ա	Յ	Կ	Մ	К	Շ	Լ	Բ	Պ	Ա	Ր	Ա	Կ	Հ
Ղ	Ր	Կ	Ո	Փ	А	Ք	Ա	Ե	Ր	Լ	Պ	Պ	Ա
Ա	Փ	Ո	Մ	Ձ	Ո	Н	Դ	Խ	Ծ	Ն	Պ	Ձ	Վ
Վ	Ծ	Ւ	Ձ	Խ	Գ	Հ	А	Ր	Ի	Ց	Փ	Ւ	Ա
Ն	Գ	Կ	Ո	Օ	Ն	Ս	Ե	Р	Վ	Ա	Հ	Վ	Լ
Ի	Ր	Ծ	Վ	Ձ	Ի	Ա	Ո	Ր	Е	Տ	Ի	Е	Ո
Ջ	Ա	Յ	Լ	Ա	Մ	Գ	К	Е	Ո	Й	Բ	Կ	Ւ
Լ	Մ	Ֆ	Ն	Չ	Ա	Ճ	Չ	Ձ	Կ	Ն	К	Պ	Ս
Ա	Ա	Ա	Ի	Ջ	Լ	Թ	Ո	Ւ	Թ	Ա	Կ	А	Ն
Ֆ	Ր	Ջ	Վ	Ա	Ֆ	Ճ	Ն	Ճ	Ղ	Ո	Ւ	Կ	Բ
Ք	Ի	Ա	Գ	Ռ	Ա	Վ	Ա	Ր	Ա	Գ	Ի	Լ	Ո
Լ	Ս	Ք	Ն	Ֆ	Շ	Չ	Ց	Н	Յ	Ճ	Լ	Ղ	Ւ
Ղ	Գ	Ծ	Ի	Փ	Տ	Ձ	Ե	Ժ	К	Ռ	Խ	Ժ	К
Ճ	Հ	Ձ	Պ	К	Ճ	Ձ	Ի	Ձ	Ժ	Ե	Ջ	Հ	Թ

ԱՐԾԻՎ
ՋԱՅԼԱՄ
ԲԱԴ
КАНАРЕЙКА
ԱՐԱԳԻԼ
ԱԳՌԱՎ
ԿԿՈՒԿ
ԿԱՐԱՊ
ՖԼԱՄԻՆԳՈ
ՀԵՐՈՆ
ԲՈՒ
ՊԻՆԳՎԻՆ
ՃՆՃՂՈՒԿ
ՁՈՒ
ՍԱԳ
ՍԻՐԱՄԱՐԳ
ԹՈՒԹԱԿ
ՀԱՎԱԼՈՒՍՆ
ԱՂԱՎՆԻ
ՀԱՎ

83 - Émotions

Խ	Ա	Ղ	Ա	Ղ	Ո	Ւ	Թ	Յ	Ո	Ւ	Ն	A	Բ
Ռ	Ճ	Չ	Կ	Ք	Ե	Լ	Ղ	Ֆ	Կ	Պ	Լ	Օ	Ա
A	Ը	Ւ	Գ	Լ	Ա	Կ	Ա	Հ	Ր	Ո	Ն	Ճ	Վ
Ն	Հ	Ո	Ւ	Չ	Վ	Ա	Ծ	Կ	Ռ	Ժ	Տ	Ն	Ա
Ձ	Ա	Ն	Ձ	Ր	Ո	Ւ	Յ	Թ	Ն	Յ	Ս	Չ	Ր
Բ	Ա	Ր	Ո	Ւ	Թ	Յ	Ո	Ւ	Ն	Կ	Դ	Ր	Ա
Տ	Խ	Ր	Ո	Ւ	Թ	Յ	Ո	Ւ	Ն	Վ	Ա	Խ	Ր
Հ	Ա	Ն	Գ	Ս	Տ	Ո	Ւ	Թ	Յ	Ո	Ւ	Ն	Վ
Հ	Ա	Մ	Ա	Կ	Ր	Ա	Ն	Ք	A	Ն	Բ	Բ	Ա
Ր	Ղ	Ք	Ն	Ք	Ճ	Ո	Ւ	Թ	Յ	Ո	Ւ	Ն	Ծ
Չ	Ա	Յ	Ր	Ո	Ւ	Յ	Թ	P	Մ	Բ	Ր	Ե	Ճ
Ո	Ւ	Ր	Ա	Խ	Ո	Ւ	Թ	Յ	Ո	Ւ	Ն	Խ	Ւ
A	Դ	Ե	Օ	Գ	Ն	Ո	Ւ	Թ	Յ	Ո	Ւ	Ն	Ա
Ը	Տ	Ս	Ի	Գ	Ն	Ա	Հ	Տ	Ն	Ի	Կ	Ց	Հ

ՍԵՐ
ՀԱՆԳԻՍՏ
ՉԱՅՐՈՒՅԹ
ՁԱՆՁՐՈՒՅԹ
ՀՈՒԶՎԱԾ
ԲԱՐՈՒԹՅՈՒՆ
ՈՒՐԱԽՈՒԹՅՈՒՆ
ԽԱՂԱՂՈՒԹՅՈՒՆ
ՎԱԽ
ՇՆՈՐՀԱԿԱԼ
ՕԳՆՈՒԹՅՈՒՆ
ԲԱՎԱՐԱՐՎԱԾ
ԱՆԱԿՆԿԱԼ
ՀԱՄԱԿՐԱՆՔ
ՔՆՔՇՈՒԹՅՈՒՆ
ՀԱՆԳՍՏՈՒԹՅՈՒՆ
ՏԽՐՈՒԹՅՈՒՆ

84 - Univers

Ո	Ն	E	Ո	Դ	Ա	Գ	Ա	Լ	Ա	Ք	Ս	Ի	Ա
Հ	Ւ	Պ	Տ	Պ	Ձ	Ս	Ր	Չ	Լ	Ք	Մ	Լ	Հ
Ե	Ո	Ղ	Կ	Դ	Ձ	P	Տ	Տ	Խ	Դ	Վ	Ո	Ա
Ռ	Յ	Խ	Ե	Ղ	Ս	Ջ	Ր	Ե	E	Ն	Ք	Ւ	Ս
Ա	Թ	Ա	Ց	Ծ	Ժ	Ը	Ո	Գ	Ր	Ւ	Ց	Ս	Ա
Դ	Ւ	Վ	Ի	Ն	Ի	Ր	Լ	Ա	Ժ	Ո	Ն	Ի	Ր
Ի	Ո	Ա	Տ	Ի	Լ	Ր	Ո	Ղ	Ք	Գ	Ի	Ն	Ա
Տ	Ն	Ր	Ս	Յ	Ե	Հ	Ն	Տ	Ռ	Ա	Յ	Դ	Կ
Ա	Յ	Ը	Լ	Ա	Ն	Ո	Թ	Ս	Ւ	Ս	Ա	H	Ա
Կ	Ա	Ի	Ո	Ւ	Ա	Ր	Մ	Ա	E	Ի	Ն	Յ	Ծ
K	Լ	Ո	Ս	Ե	Ս	Ի	P	Չ	Ճ	Կ	Կ	Ի	K
Ն	Ա	Կ	Ա	Ր	Ե	Զ	Ե	Ի	Տ	Չ	Ր	Թ	Ր
Ւ	Ղ	P	Հ	Ա	Տ	Ո	Դ	Է	P	Տ	Ե	Ը	Զ
E	Տ	Ֆ	K	Զ	Ք	Ն	Ի	Կ	Ր	Ե	Ս	Ճ	Պ

ԱՍՏԵՐՈԻԴ
ԱՍՏՂԱԳԵՏ
ՄԹՆՈԼՈՐՏ
ԵՐԿՆԱՅԻՆ
ԵՐԿԻՆՔ
ՏԻԵԶԵՐԱԿԱՆ
ՀԱՍԱՐԱԿԱԾ
ԳԱԼԱՔՍԻԱ
ԿԻՍԱԳՈՒՆԴ
ՀՈՐԻԶՈՆ
ԼԱՅՆՈՒԹՅՈՒՆ
ԼՈՒՍԻՆ
ԽԱՎԱՐԸ
ՈՒՂԵՃԻՐ
ԱՐԵՒԱՅԻՆ
ՍՈԼՍՏԻՑԵ
ՀԵՌԱԴԻՏԱԿ
ՏԵՍԱՆԵԼԻ

85 - Géographie

Բ	Վ	Բ	Կ	Ի	Ս	Ա	Գ	Ո	Ւ	Ն	Դ	Ե	Լ
Ն	Ա	Ի	Դ	Ի	Ր	Ե	Մ	Մ	Ս	Ս	K	Ր	Ա
Տ	Ր	Ր	Ա	Շ	Խ	Ա	Ր	Հ	Շ	Ը	Կ	Կ	Յ
Ա	Ա	Ճ	Ձ	Է	Ր	Դ	Ճ	Փ	Փ	Խ	Դ	Ի	Ն
Ր	Հ	Ի	Ր	Ր	Ն	Վ	E	Ն	Բ	Ռ	Ռ	Ր	Ո
Ա	Ղ	Ս	Ծ	Ս	Ո	Ն	Ա	Ի	Կ	Վ	Օ	Ք	Ւ
Ծ	Վ	Ա	Ի	Յ	Ձ	Ւ	Կ	Զ	Ձ	E	Ռ	Ա	Թ
Ք	Է	Լ	Զ	Ս	Բ	Ն	Թ	Վ	Ս	Ձ	Ք	Ղ	Յ
Գ	Ե	Տ	Ղ	A	Ւ	Ռ	Ճ	Յ	Թ	Ծ	Ս	Ա	Ո
Փ	Թ	Ա	Կ	A	K	Ո	H	Փ	Ո	Է	Ո	Ք	Ւ
Ռ	Յ	Բ	Ց	Թ	Ֆ	Ձ	Յ	Ո	Պ	Ւ	Ի	Վ	Ն
Ք	Ա	Ր	Տ	Ե	Զ	Զ	Ժ	Հ	Թ	K	Ն	Թ	Ռ
Ա	Ր	Ե	Ւ	Մ	Ո	Ւ	Տ	Ք	Լ	Ե	Ռ	Ը	K
Տ	Ա	Ր	Ա	Ծ	Ա	Շ	Ր	Ջ	Ա	Ն	Յ	Ջ	Զ

ԲԱՐՁՐՈՒԹՅՈՒՆԸ
ԱՏԼԱՍ
ՔԱՐՏԵԶ
ԳԵՏ
ԿԻՍԱԳՈՒՆԴ
ԿՂԶԻ
ԼԱՅՆՈՒԹՅՈՒՆ
ԾՈՎ
ՄԵՐԻԴԻԱՆ
ԱՇԽԱՐՀ
ԼԵՌ
ՀՅՈՒՍԻՍ
ՕՎԿԻԱՆՈՍ
ԱՐԵՒՄՈՒՏՔ
ԵՐԿԻՐ
ՏԱՐԱԾԱՇՐՋԱՆ
ՀԱՐԱՎ
ՏԱՐԱԾՔ
ՔԱՂԱՔ

86 - Danse

Ա	Ի	Մ	Ե	Դ	Ա	Կ	Ա	Լ	Ո	Ց	Մ	Ֆ	Մ
Ն	Վ	Ո	Ր	Ց	Ա	Տ	Կ	Ե	Լ	Ք	Ը	Ս	Շ
Փ	Ա	Ա	Ջ	Ն	Ն	Ի	Մ	Ր	Ա	Մ	Փ	Ա	Ա
Ք	Ր	Ժ	Ն	Վ	Ի	Ճ	Ա	Ր	Վ	Ե	Ս	Տ	Կ
Կ	Տ	Բ	Ա	Դ	Յ	Ռ	Թ	E	Ս	Լ	Ջ	Թ	Ո
Գ	Ա	Ֆ	Կ	Ղ	Ա	Գ	Ի	Ռ	Խ	Ը	Գ	K	Ւ
Ո	Հ	Շ	Ա	Բ	Թ	Կ	Ե	Թ	Օ	Ս	Ա	Է	Յ
Ր	Ա	Ա	Ս	Բ	Ւ	Ֆ	Ա	Խ	Մ	Դ	Ց	Պ	Թ
Ծ	Յ	Ր	Ա	Ծ	Ո	Մ	Շ	Ն	Ա	Կ	Մ	H	Ա
Ը	Տ	Ժ	Դ	Պ	Կ	A	Մ	Ն	Ձ	Ր	Ո	Փ	Լ
Ն	Ի	Ո	Ձ	Փ	Ա	Շ	Ն	Ո	Ր	Հ	Ւ	Փ	Ց
Կ	Չ	Ւ	H	Թ	Շ	P	Կ	Դ	Ճ	Ժ	Ն	Ո	K
Ե	Ի	Մ	Փ	Պ	Մ	Ռ	Հ	Վ	Ո	Չ	Ք	K	Ֆ
Ր	Շ	Ծ	Խ	Ո	Ր	Ե	Ո	Գ	Ր	Ա	Ֆ	Ի	Ա

ԱԿԱԴԵՄԻԱ
ԱՐՎԵՍՏ
ԽՈՐԵՈԳՐԱՖԻԱ
ԴԱՍԱԿԱՆ
ՄԱՐՄԻՆ
ՄՇԱԿՈՒՅԹ
ՄՇԱԿՈՒԹԱՅԻՆ
ԱՐՏԱՀԱՅՏԻՉ
ԶԳԱՑՄՈՒՆՔ
ՇՆՈՐՀ
ՈՒՐԱԽ
ՇԱՐԺՈՒՄ
ԳՈՐԾԸՆԿԵՐ
ՓՈՐՁ
ՌԻԹՄ
ՑԱՏԿԵԼ
ԱՎԱՆԴԱԿԱՆ

87 - Bâtiments

Դ	Ս	Ո	Ւ	Պ	Ե	Ր	Մ	Ա	Ր	Կ	Ե	Տ	Ա
Ա	Պ	Տ	Ն	Ա	Կ	Ո	Ւ	Մ	Ս	Ը	Ց	E	Ս
Հ	Ց	Ր	Փ	Ւ	Ւ	Ն	Է	Ն	Շ	Կ	Խ	Է	Տ
K	Ո	Ճ	Ո	Տ	Ը	Ի	Շ	Ա	Ը	O	Ս	Ր	Ղ
Ե	Ն	Ֆ	Փ	Ց	Շ	Կ	Ա	Ր	Ա	Տ	Շ	Ա	Ա
Հ	Ա	Մ	Ա	Լ	Ս	Ա	Ր	Ա	Ն	Ա	Ր	Վ	Դ
Ո	Ր	K	O	Ք	A	Կ	Դ	Կ	A	P	Յ	Ն	Ի
Տ	Ւ	Բ	Է	Փ	Ն	Ա	Դ	Ա	Կ	Ց	Տ	E	Տ
Տ	Ո	Ռ	Ի	Կ	Ե	Ն	Մ	Ն	Ջ	Ո	Յ	Ժ	Ա
Լ	Յ	Ր	Լ	Ս	Թ	Տ	Շ	Բ	Է	Ր	Է	H	Ր
Խ	Հ	Ո	Զ	Թ	Փ	Ո	Վ	Ւ	Ի	Մ	Ա	Հ	Ա
Լ	Ա	Բ	Ո	Ր	Ա	Տ	Ո	Ր	Ի	Ա	Գ	Մ	Ն
Թ	Ա	Տ	Ր	Ո	Ն	Վ	Յ	Ժ	Ց	Ն	H	Ա	Լ
E	Ծ	Ֆ	Ո	Ը	Ն	Ա	Ր	Ա	Գ	Ն	Ա	Թ	Մ

ԲՆԱԿԱՐԱՆ
ՏՆԱԿՈՒՄ
ԱՄՐՈՑ
ԿԻՆՈ
ԴՊՐՈՑ
ԱՎՏՈՏՆԱԿ
ԳԱՄ
ՀՅՈՒՐԱՆՈՑ
ԼԱԲՈՐԱՏՈՐԻԱ
ԹԱՆԳԱՐԱՆ
ԱՍՏՂԱԴԻՏԱՐԱՆ
ՄԱՐԶԱԴԱՇՏ
ՍՈՒՊԵՐՄԱՐԿԵՏ
ՎՐԱՆ
ԹԱՏՐՈՆ
ԱՇՏԱՐԱԿ
ՀԱՄԱԼՍԱՐԱՆ

88 - Livres

Գ	Ր	Վ	Ա	Ծ	Ա	Յ	P	Յ	Վ	Պ	Յ	Ը	Պ
Յ	Դ	Ո	Տ	Յ	Ր	Ա	Պ	Ե	Ե	Ո	Ա	Ն	Ա
Ա	A	Ղ	Յ	Ո	Կ	Մ	Ա	Ղ	Պ	Ե	Վ	Կ	Տ
Մ	Գ	Բ	Ն	Ւ	Ա	Ա	Տ	Ի	Ե	Ջ	Ա	Ղ	Մ
Ա	Ր	Ե	Ա	Մ	Ծ	Տ	Մ	Ն	Մ	Ի	Ք	Մ	Ա
Պ	Ա	Ր	Ր	Ո	Ճ	Ե	Ո	Ա	Ճ	Ա	Ա	Ո	Կ
Ա	Կ	Գ	Ա	Ր	Ը	Ք	Ւ	Կ	H	Է	Ծ	Ւ	Ա
Տ	Ա	Ա	Մ	Ա	Ն	Ս	Թ	Տ	Խ	Շ	Ո	Մ	Ն
Ա	Ն	Կ	Ի	Յ	Թ	Տ	Յ	Ռ	Ճ	O	Ւ	Ց	Ց
Ս	E	Ա	Տ	Ի	Ե	Շ	Ո	Ս	Ե	Ր	Ի	Ա	Ձ
Խ	Պ	Ն	Փ	Ն	Ր	Կ	Ւ	Պ	Ա	Տ	Մ	Ո	Ղ
Ա	Ժ	Ֆ	Է	H	Ց	Շ	Ն	Ր	O	Ը	Յ	Ի	Ր
Ն	Ն	O	Ձ	Ծ	Ո	Ա	Ի	Ք	Ք	Է	Ծ	Յ	Թ
Բ	Ա	Ռ	Ե	Ր	Ղ	Ե	Շ	Ծ	Ք	Թ	Ը	Ո	Ա

ՅԵՂԻՆԱԿ
ԱՐԿԱԾ
ՅԱՎԱՔԱԾՈՒ
ՅԱՄԱՏԵՔՍՏ
ԳՐՎԱԾ
ՊԱՏՄՈՒԹՅՈՒՆ
ՊԱՏՄԱԿԱՆ
ՅՈՒՄՈՐԱՅԻՆ
ԸՆԿՂՄՈՒՄ
ՅՆԱՐԱՄԻՏ
ԸՆԹԵՐՑՈՂ
ԳՐԱԿԱՆ
ԲԱՌԵՐ
ՊԱՏՄՈՂ
ԷՋ
ՅԱՄԱՊԱՏԱՍԽԱՆ
ՊՈԵԶԻԱ
ՎԵՊ
ՍԵՐԻԱ
ՈՂԲԵՐԳԱԿԱՆ

89 - Pays #2

Ռ	Ի	Խ	Թ	Փ	Ց	Դ	Լ	Պ	Ֆ	E	Ճ	Ճ	Ժ
Տ	Ո	Ռ	Տ	Պ	Ղ	Ա	Ա	Ի	Յ	Ս	Բ	Չ	Դ
Խ	Փ	Ւ	Լ	Ծ	Ք	Ն	Ւ	Թ	Բ	Ո	Ւ	Ֆ	Թ
K	Ջ	Ա	Ս	Ա	Ձ	Ի	Ա	Ի	Ն	Ա	Բ	Լ	Ա
Հ	Ա	Մ	Փ	Ա	Ն	Ա	P	Ա	K	Լ	Ն	Ծ	Ի
E	Մ	Ե	Լ	Ի	Ս	Դ	Ճ	Հ	A	Ց	Ա	Ա	Ս
E	Ա	Ք	Ռ	Ր	Ն	Տ	Ի	Թ	K	Ճ	Ն	Դ	Ն
Ա	Յ	Ս	Դ	Ի	Ւ	Ս	Ա	Ա	Ծ	Կ	Ի	Ն	Ա
Ի	Կ	Ի	O	Ս	Ս	H	Մ	Ն	Ք	Տ	Ա	Ա	Ր
Ն	Ա	Կ	Ը	Զ	Դ	Բ	Դ	Ւ	Ե	Ս	Ր	Գ	Ֆ
Ո	Թ	Ա	Ի	Զ	Ե	Ն	Ո	Դ	Ն	Ի	Կ	Ւ	Ձ
Պ	Ա	Կ	Ի	Ս	Տ	Ա	Ն	Ը	Ի	Ձ	Ւ	Ո	Լ
Ա	Ս	Ո	Ւ	Դ	Ա	Ն	Ի	Լ	Ա	Մ	Ո	Ս	Պ
Ճ	Չ	Ի	Ն	Ա	Ս	Տ	Ա	Ն	Շ	Ց	Ծ	Ց	K

ԱԼԲԱՆԻԱ
ՉԻՆԱՍՏԱՆ
ԴԱՆԻԱ
ՖՐԱՆՍԻԱ
ՀԱԻԹԻ
ԻՆԴՈՆԵԶԻԱ
ԻՌԼԱՆԴԻԱ
ՋԱՄԱՅԿԱ
ՃԱՊՈՆԻԱ
ՔԵՆԻԱ
ԼԱՈՍ
ԼԻԲԱՆԱՆ
ՄԵՔՍԻԿԱ
ՈՒԳԱՆԴԱ
ՊԱԿԻՍՏԱՆ
ՌՈՒՍԱՍՏԱՆ
ՍՈՄԱԼԻ
ՍՈՒԴԱՆ
ՍԻՐԻԱ
ՈՒԿՐԱԻՆԱ

90 - Fournitures d'Art

Ֆ	Լ	Ձ	Թ	Թ	Թ	Դ	Է	Պ	Գ	K	A	Գ	Ւ
Ղ	Դ	Օ	Ո	Վ	Ա	Կ	Հ	Ղ	Հ	Լ	Շ	Ա	Է
Խ	Ւ	Ծ	Ւ	Մ	Ն	Ե	Ռ	Ւ	Ց	Ի	Խ	Ղ	Է
Յ	P	Է	Ղ	Թ	Ա	Ր	Ջ	Ո	Ւ	Ր	Խ	Ա	Հ
Յ	Ղ	Ք	Թ	Ճ	Ք	E	Ս	Յ	Թ	Կ	Ւ	Փ	Ջ
Գ	Ո	Ւ	Յ	Ն	Ե	Ր	Ե	Կ	Տ	Ա	Պ	Ա	Ր
Ս	Ե	Ղ	Ա	Ն	Տ	Ր	Ե	Կ	Ր	Ե	Ն	Ր	Ա
Ս	Ո	Ս	Ի	Ն	Ձ	Ե	Լ	P	Ը	Դ	Ձ	Ն	Ն
Ճ	P	Ք	Ա	Ճ	Տ	Ն	Ս	Ն	P	Ա	Ձ	Ե	Ե
Ռ	Պ	Տ	Է	Ռ	Է	Տ	Դ	Ա	Խ	Ա	Ռ	Ր	Ր
Օ	Ե	Ճ	Ն	Ս	Ի	Ի	Ռ	Ֆ	Խ	Վ	Տ	Հ	Կ
Լ	Ն	Տ	Է	Դ	Ա	Տ	Փ	Ջ	Դ	Ց	Ֆ	Ե	Է
H	Ղ	Ե	Ի	Չ	Ծ	Ա	Շ	Օ	Վ	Զ	Ի	Ը	Ծ
Ֆ	Ժ	Ֆ	Ժ	Ն	Խ	Մ	Դ	Կ	Ղ	K	Ն	Կ	Ֆ

ԱԿՐԻԼ
ՋՐԱՆԵՐԿ
ԿԱՎ
ՏԵՍԱԽՑԻԿ
ԱԹՈՌ
ՊԱՏԿԵՐ
ՍՈՍԻՆՁ
ԳՈՒՅՆԵՐ
ՄԱՏԻՏՆԵՐ
ՋՈՒՐ
ԹԱՆԱՔ
ՌԵՏԻՆ
ՅՈՒՂ
ԳԱՂԱՓԱՐՆԵՐ
ԹՈՒՂԹ
ՆԵՐԿԵՐ
ՍԵՂԱՆ

91 - Eau

Խ	Գ	Ժ	Թ	Ձ	Ջ	Ս	Չ	Փ	Ձ	Վ	Ճ	Բ	Չ
Ո	Ե	Ց	Շ	Գ	K	Լ	Վ	Ո	A	Յ	Գ	Ք	P
Ն	Տ	Ա	Ա	Ն	Ձ	Ր	Ե	Ւ	Ւ	Ռ	Ո	Ժ	Ջ
Ա	Ֆ	Լ	Ց	Ց	Գ	Օ	Լ	Տ	Է	Յ	Յ	Ւ	Ա
Վ	Ք	Ի	Ն	Ա	Մ	Ա	Ն	Ռ	Ա	Ս	Գ	Ա	Ն
Ո	Ն	Ք	Ը	Ռ	Ա	Կ	Լ	Ք	Ս	Մ	Շ	Շ	Ի
Ւ	Լ	Ն	Ր	Չ	Զ	Ս	Ա	Ռ	Ո	Ւ	Յ	Ց	H
Թ	Կ	Ե	P	P	Բ	Ց	Ֆ	E	Ն	Ո	Ս	Ռ	Ն
Յ	Ռ	Ր	Ե	Չ	Յ	Ե	Գ	Փ	Ա	Գ	Պ	Ր	Կ
Ո	E	Խ	Գ	Ջ	Չ	Ո	Լ	Ռ	Ի	Ո	Ֆ	Ւ	Ի
Ւ	Մ	Ո	Ւ	Ս	Ո	Ն	Ձ	Զ	Կ	Ռ	Ձ	Թ	Զ
Ն	A	Տ	K	Վ	Պ	Ժ	Ղ	Դ	Վ	Ո	Լ	Ի	Ճ
Փ	Ո	Թ	Ո	Ր	Ի	Կ	Խ	Ն	Օ	Ն	E	Ծ	Դ
Ջ	Ր	Հ	Ե	Ղ	Ե	Ղ	Ւ	Ո	Ց	Ն	Ց	Ց	Յ

ՑՆՑՈՒՂ
ԳԵՏ
ՍԱՌՆԱՄԱՆԻՔ
ԳԵՅԶԵՐ
ՍԱՌՈՒՅՑ
ԽՈՆԱՎՈՒԹՅՈՒՆ
ՋՐՀԵՂԵՂ
ՈՌՈԳՈՒՄ
ԼԻՃ
ՄՈՒՍՈՆ
ՁՅՈՒՆ
ՕՎԿԻԱՆՈՍ
ՓՈԹՈՐԻԿ
ԱՆՁՐԵՒ
ԱԼԻՔՆԵՐ
ՉՈՒՅԳ

92 - Jazz

P	Դ	Ն	Հ	E	Լ	Բ	Կ	Ղ	O	E	Հ	O	Ն
Ւ	A	Ք	Ո	Պ	Ֆ	Տ	Ը	Ա	Ջ	O	Ի	Գ	Վ
Յ	Գ	Է	Է	Ա	Տ	Ն	Ձ	Ղ	Զ	Ի	Ն	E	Ա
Տ	Ր	Յ	Ղ	Ի	Ա	Զ	Տ	Խ	Մ	Մ	Ժ	Չ	Գ
Կ	Ե	Խ	Շ	Ց	Ղ	Ֆ	Տ	Թ	Ճ	Ո	Ը	P	Ա
Ո	Մ	Խ	Ր	Ա	Ա	Ջ	Ր	Գ	Ը	Բ	Ր	Յ	Խ
Մ	Ա	Ղ	Ն	Զ	Ն	Ւ	Տ	Ր	P	Լ	Հ	Հ	Ո
Պ	Հ	Դ	Ա	Ի	Դ	O	Ւ	Յ	Թ	Ա	Փ	Ջ	Ւ
Ո	Հ	Ի	Ժ	Վ	Կ	Է	Ջ	Ա	Ն	Շ	Ա	Ն	Մ
Զ	Ղ	Թ	Ֆ	Ո	Չ	Ա	Հ	Ա	Յ	Տ	Ն	Ի	Բ
Ի	Ն	Ո	Ճ	Ր	Ո	Ն	A	Վ	Ծ	Ե	Պ	Ժ	Ս
Տ	Դ	Ջ	E	Պ	Ր	Պ	P	Կ	Է	Բ	Ր	Ս	Ո
Ո	Հ	Ի	Ը	Մ	Թ	Ի	Ռ	H	Խ	Գ	Ճ	Գ	Լ
Ր	Ն	Ը	Չ	Ի	Ր	Ա	Կ	Ն	Շ	Մ	Ժ	Չ	Ո

ԱԼԲՈՄ
ՆԿԱՐԻՉ
ՀԱՅՏՆԻ
ԵՐԳ
ԿՈՄՊՈԶԻՏՈՐ
ԿԱԶՄԸ
ՀԱՄԵՐԳ
ԷՋԱՆՇԱՆ
ԺԱՆՐ

ԻՄՊՐՈՎԻԶԱՑԻԱ
ՆՈՐ
ՆՎԱԳԱԽՈՒՄԲ
ՌԻԹՄ
ՍՈԼՈ
ՈՃ
ՏԱՂԱՆԴ
ՏԵԽՆԻԿԱ
ՀԻՆ

93 - Paysages

Ս	Լ	Ո	Ղ	Ա	Փ	Ա	Ա	Ք	Ճ	Թ	Թ	Ր	Ո
H	Ա	Ր	Ռ	Դ	Լ	Վ	Տ	H	Հ	Ղ	Ե	Հ	Ջ
Պ	Պ	Ռ	Մ	Չ	Ի	Բ	Ժ	Ռ	Զ	Բ	Ր	Ր	Ը
Ջ	Օ	Ե	Ց	Ձ	Ճ	Վ	Ե	Ճ	Պ	Ի	Ա	Ա	Չ
Ծ	Ա	Լ	Յ	Ա	Հ	Ո	Վ	Ի	Տ	Կ	Կ	Բ	Ի
Օ	Զ	Ա	Է	Ծ	Դ	Ծ	Ր	Հ	Ճ	Ղ	Ղ	Ո	Ռ
Ռ	Ի	Ա	Ս	Տ	Ա	Ա	Ջ	Ա	Դ	Զ	Զ	Ւ	Յ
Ի	Ս	Է	Շ	Ջ	Ո	Ա	Շ	Ճ	Ր	Ի	Ի	Խ	Ք
Գ	K	Է	Կ	Լ	Ղ	Ւ	Յ	Տ	Փ	Ր	A	Ք	Վ
Ե	Դ	Ղ	Ֆ	Ւ	Ղ	Ծ	Ն	Ս	Ծ	Լ	Ծ	Ե	Ռ
Տ	Ռ	Ա	Ն	Ա	Պ	Ա	Տ	Դ	Բ	Բ	Ժ	Ռ	Ճ
Գ	Ե	Տ	Ա	Բ	Ե	Ր	Ա	Ն	Ր	Ե	Ս	Կ	Ղ
Յ	Ղ	Յ	Գ	Յ	Ճ	Վ	Ա	Ջ	Ն	Ա	Ր	Ա	Ք
Վ	P	Թ	Պ	Ր	Կ	Ֆ	Ր	Ե	Զ	Յ	Ե	Գ	K

ՋՐՎԵԺ
ԲԼՐԻ
ԱՆԱՊԱՏ
ԳԵՏԱԲԵՐԱՆ
ԳԵՏ
ԳԵՅԶԵՐ
ՍԱՌՑԱԴԱՇՏ
ՔԱՐԱՆՁԱՎ
ԱՅՍԲԵՐԳ
ԿՂԶԻ
ԼԻՃ
ՃԱՀԻՃ
ԾՈՎ
ԼԵՌ
ՕԱԶԻՍ
ԹԵՐԱԿՂԶԻ
ԼՈՂԱՓ
ՏՈՒՆԴՐԱ
ՀՈՎԻՏ
ՀՐԱԲՈՒԽ

94 - Pays #1

Լ	Ֆ	Ի	К	К	Н	Ո	Ա	Ի	Ա	Վ	О	Ը	Р
Ե	Ի	Ի	Ղ	А	Ղ	Ֆ	Ի	Ս	Ց	Ֆ	Փ	Փ	Ո
Յ	Մ	Բ	Լ	Գ	Գ	Է	Ն	Պ	Ն	Վ	Ղ	Բ	Հ
Ա	Ն	Ճ	Ի	Ի	Ց	Վ	Ա	Ա	Դ	Ա	Ն	Ա	Կ
Ր	Ո	Ձ	Ժ	Ա	Ն	Ց	Մ	Ն	Պ	Ն	Ա	Բ	Ն
Ս	Ց	Ե	Պ	Ի	Մ	Ն	Ր	Ի	Ա	Ո	Տ	Ր	Ա
Ի	Ֆ	Ջ	Ր	Ո	Վ	Ֆ	Ե	Ա	Ն	Ր	Ս	Ա	Տ
Մ	Ա	Լ	Ի	Գ	Զ	Н	Գ	Ր	Ա	Վ	Ա	Ձ	Ս
Ֆ	Ի	Ն	Լ	Ա	Ն	Դ	Ի	Ա	Մ	Ե	Կ	Ի	Ա
Ս	Թ	Կ	Լ	Ր	Բ	Կ	Հ	Р	Ա	Գ	Դ	Լ	Հ
К	Ր	Ո	Դ	Ա	Վ	Կ	Է	Ց	Է	Ի	Ն	Ի	Ե
Յ	Ճ	Ա	Չ	Կ	К	Ք	Թ	Վ	Н	Ա	Հ	Ա	Լ
Ֆ	Ի	Ժ	Ր	Ի	Ռ	Ո	Ի	Մ	Ի	Ն	Ի	Ա	Ղ
Պ	Լ	Կ	Ղ	Ն	Р	Մ	Ա	Ր	Ո	Կ	Կ	Ո	Ֆ

ԱՖՂԱՆ
ԳԵՐՄԱՆԻԱ
ԲՐԱԶԻԼԻԱ
ԿԱՆԱԴԱ
ԻՍՊԱՆԻԱ
ԷԿՎԱԴՈՐ
ՖԻՆԼԱՆԴԻԱ
ՀՆԴԿԱՍՏԱՆ
ԻՍՐԱՅԵԼ
ԼԻԲԻԱ
ՄԱԼԻ
ՄԱՐՈԿԿՈ
ՆԻԿԱՐԱԳՈՒԱ
ՆՈՐՎԵԳԻԱ
ՊԱՆԱՄԱ
ՖԻԼԻՆՆԵՐ
ԼԵՀԱՍՏԱՆ
ՌՈՒՄԻՆԻԱ

95 - Nombres

Տ	Տ	P	Ւ	Ո	Կ	Ր	Ե	Ն	Ս	Ա	Տ	Ճ	Տ
Ա	Ա	Տ	Ս	H	Թ	Է	Ք	Զ	Ր	Ց	Ա	Հ	Ա
Ս	Ս	H	Ա	Թ	Ւ	Ո	H	Ս	H	Թ	Ս	Ի	Ս
Ն	Ը	Ը	Բ	Ս	Ո	Ր	Ք	Ր	Ա	Գ	Ն	Ն	Ն
Չ	Ն	Ե	Տ	Ո	Ն	Զ	Կ	Ո	Ի	Ն	Ո	Գ	Ե
Ո	Ի	L	Ն	E	Ս	Յ	Շ	Չ	A	Ի	Ր	Հ	Ր
Ր	Ն	Յ	Ո	Թ	Ա	Թ	Ո	Ց	Զ	Հ	Դ	Ֆ	Ե
Ս	Ս	Տ	Ե	Ց	Տ	Ւ	Ր	Թ	Բ	Ն	Ա	K	Ք
Ե	Ա	Ե	Ր	Կ	Ո	Ւ	Ի	K	Է	Ս	Կ	Տ	H
A	Տ	Վ	Դ	Զ	Է	Է	Ք	Ն	Դ	Ա	Ա	E	Մ
Ց	Ե	Վ	Ն	Ս	Ա	Տ	Շ	Ւ	Ը	Տ	Ն	Շ	Ժ
Վ	Ր	Ճ	Ե	Գ	Պ	Չ	Ս	Ա	Յ	Ը	Է	Ը	Պ
Ե	Ե	Ք	H	Վ	Շ	Ե	Ը	A	Ճ	Յ	Ֆ	Բ	Զ
Ց	Ք	Չ	Ս	Գ	Ф	Զ	Ւ	A	Դ	O	Ա	Ծ	Ֆ

ՀԻՆԳ
ԵՐԿՈՒ
ՏԱՍՆՈՐԴԱԿԱՆ
ՏԱՍԸ
ՏԱՍՆՈՒԹ
ՏԱՍՆԻՆԸ
ՏԱՍՆՅՈԹ
ՏԱՍՆԵՐԿՈՒ
ՈՒԹ
ԻՆԸ
ՏԱՍՆՉՈՐՍ
ՉՈՐՍ
ՏԱՍՆՀԻՆԳ
ՏԱՍՆՎԵՑ
ՅՈԹ
ՎԵՑ
ՏԱՍՆԵՐԵՔ
ԵՐԵՔ
ՔՍԱՆ
ԶՐՈ

96 - Psychologie

Թ	Ե	Ր	Ա	Պ	Ի	Ա	Ս	Մ	Խ	Ծ	Բ	Ի	Չ
Ե	Ր	Ա	Զ	Ն	Ե	Ր	Ե	Ւ	Տ	Ն	Ո	P	Ռ
Ն	Հ	Չ	Ֆ	Ր	Հ	Է	Ն	Ո	Կ	Ք	Դ	Ս	Ն
Լ	Շ	Փ	Ո	Ր	Ձ	Ւ	Ս	Լ	Ի	Ն	Ե	Ի	Ռ
Դ	Ֆ	Ա	A	Գ	Հ	Ֆ	Ա	Ա	Լ	Ա	Խ	Ր	Ր
Չ	Ն	Ր	Ն	Ը	Շ	Կ	Ց	Կ	Ֆ	Կ	Ե	Ս	Ը
Ձ	Վ	Հ	Ը	Ա	E	Ռ	Ի	Ն	Ն	Ա	Ֆ	Է	Ե
Ւ	Լ	Բ	O	Ե	Կ	Ո	Ա	Ը	Ո	Տ	A	Ե	Յ
Ն	Ւ	Ո	Յ	Թ	Ւ	Ո	Ն	Ա	Կ	Ա	Ր	Ի	K
Ր	A	Ց	Ր	Ի	Ճ	Գ	Ւ	Ն	Ձ	Հ	O	Ց	O
Հ	Պ	A	E	Ի	Ւ	Է	Է	Մ	Ո	Ա	Ւ	Գ	O
Վ	Ա	Ր	Ք	Ա	Գ	Ի	Ծ	P	Չ	Ն	A	Ժ	Ո
Կ	Լ	Ի	Ն	Ի	Կ	Ա	Կ	Ա	Ն	Գ	Ճ	Ձ	Ծ
Գ	Ա	Ղ	Ա	Փ	Ա	Ր	Ն	Ե	Ր	Ն	Ս	Ր	Տ

ԿԼԻՆԻԿԱԿԱՆ
ՎԱՐՔԱԳԻԾ
ԿՈՆՖԼԻԿՏ
ԷԳՈ
ՓՈՐՁ
ԳՆԱՀԱՏԱԿԱՆ
ԳԱՂԱՓԱՐՆԵՐ
ՄՏՔԵՐԸ
ԸՆԿԱԼՈՒՄ
ԽՆԴԻՐ
ՆՇԱՆԱԿՈՒՄ
ԻՐԱԿԱՆՈՒԹՅՈՒՆ
ԵՐԱԶՆԵՐ
ՍԵՆՍԱՑԻԱ
ԹԵՐԱՊԻԱ

97 - Nature

Ա	Փ	Ւ	Ր	Տ	Մ	Ա	Ռ	Ա	Խ	Ո	Ւ	Ղ	Ս
Գ	Ր	Յ	Ե	P	Շ	Ռ	Ա	Ն	Ա	Պ	Ա	Տ	Ե
Ե	Ռ	Ե	Ն	Ի	H	Ա	Կ	Ի	Տ	Կ	Ր	Ա	Է
Ղ	Գ	Տ	Ւ	Ղ	Ջ	Տ	Դ	Գ	Ճ	K	Ղ	Վ	Ր
Ե	Ե	Ս	Ո	Ա	Ր	Ն	Ր	Ա	Շ	Ս	Դ	Ա	Ո
Ց	Տ	Ի	Ղ	L	Դ	Ա	Ց	Ջ	Ց	Ո	Ի	Յ	Ջ
Կ	Ա	Գ	Ե	Ս	O	Ա	Ղ	Դ	Ճ	Ռ	Ն	Ր	Ի
Ո	Ս	Ն	Մ	Ղ	Ն	A	Ր	Ն	L	Յ	Ա	Ի	Ա
Ւ	Շ	Ա	Ա	Մ	Պ	Ե	Ր	Զ	P	Ձ	Մ	Ս	L
Թ	Խ	Հ	Ղ	Է	Ր	H	Ճ	Ս	Ա	Ճ	Ի	Ծ	Ե
Յ	Ա	Փ	Կ	Ա	Ն	Տ	E	Ի	Դ	Յ	Կ	Ր	Ռ
Ո	Ղ	Խ	Ջ	Ւ	Ր	Ծ	Թ	Ժ	Ւ	Ց	Ի	Ե	Ն
Ւ	Ա	Ռ	Պ	Ս	O	Թ	Փ	Ծ	Բ	Վ	Ծ	Ն	Ե
Ն	Ղ	Շ	Կ	Ե	Ն	Դ	Ա	Ն	Ի	Ն	Ե	Ր	Ր

ՄԵՂՈՒՆԵՐ
ԿԵՆԴԱՆԻՆԵՐ
ԱՐԿՏԻԿԱ
ԳԵՂԵՑԿՈՒԹՅՈՒՆ
ՄԱՌԱԽՈՒՂ
ԱՆԱՊԱՏ
ԴԻՆԱՄԻԿ
ԷՐՈԶԻԱ
ՍԱՂԱՐԹ
ԳԵՏ
ԱՆՏԱՌ
ՍԱՌՑԱԴԱՇՏ
ԼԵՌՆԵՐ
ԱՄՊԵՐ
ԽԱՂԱՂ
ՎԱՅՐԻ
ՀԱՆԳԻՍՏ
ԱՐԵՒԱԴԱՐՁԱՅԻՆ

98 - Chimie

Մ	Ռ	Վ	Կ	Զ	Է	Դ	H	Ժ	Հ	Ջ	Մ	Է	Ա
Պ	A	Ի	Ի	Ա	Մ	Հ	Թ	Օ	Ե	Ր	Ե	Լ	Տ
Թ	H	Է	Դ	Գ	Տ	Ի	Ո	Ն	Ղ	Ա	Տ	Ե	Ո
Ա	Թ	K	Կ	Լ	Չ	Ա	Ն	Զ	Ո	Ծ	Ա	Կ	Մ
Լ	Կ	Վ	Զ	Դ	Ծ	Ե	Լ	P	Ւ	Ի	Ղ	Տ	Ա
Կ	Ծ	Ֆ	Ա	Ղ	Զ	Ֆ	Ջ	Ի	Կ	Ն	Ն	Ր	Յ
Ա	Ք	Ձ	Կ	Ծ	Ն	Ս	Ք	Ջ	Զ	Ի	Ե	Ո	Ի
Լ	Ժ	Ա	Փ	Ն	Ի	Ծ	Ա	Խ	Ծ	Ա	Ր	Ն	Ն
Ա	Զ	Զ	Շ	Տ	H	Ն	Թ	Թ	Ո	Ւ	Տ	Պ	Զ
Յ	Ը	Ֆ	Ն	Ը	A	Լ	Ւ	Ո	Կ	Ե	Լ	Ո	Մ
Ի	Մ	Ի	Ջ	Ո	Ւ	Կ	Ա	Յ	Ի	Ն	Ֆ	Չ	Ր
Ն	Շ	Ո	Գ	Ը	Ֆ	Ե	Ր	Մ	Ե	Ն	Տ	Ղ	Ո
Ջ	Ե	Ր	Մ	Ա	Ս	Տ	Ի	Ճ	Ա	Ն	Ը	Ժ	Լ
Ս	Զ	Վ	P	Վ	Ճ	Ժ	Չ	Ձ	Ր	Խ	Ղ	Ձ	Ք

ԹԹՈՒ
ԱԼԿԱԼԱՅԻՆ
ԱՏՈՄԱՅԻՆ
ԱԾԽԱԾԻՆ
ԿԱՏԱԼԻԶԱՏՈՐ
ՇՈԳ
ՔԼՈՐ
ՖԵՐՄԵՆՏ
ԷԼԵԿՏՐՈՆ
ԳԱԶ
ՋՐԱԾԻՆ
ԻՈՆ
ՀԵՂՈՒԿ
ՄԵՏԱՂՆԵՐ
ՄՈԼԵԿՈՒԼ
ՄԻՋՈՒԿԱՅԻՆ
ԹԹՎԱԾԻՆ
ՔԱՇԸ
ԱՂ
ՋԵՐՄԱՍՏԻՃԱՆԸ

99 - Bateaux

Ա	Ը	Ք	Ի	Լ	Ա	Ս	Ա	Յ	Լ	Բ	Ո	Ա	Տ
Պ	Լ	Ճ	Ա	Չ	Կ	Ն	Բ	Վ	Գ	Բ	Օ	Ո	Պ
Շ	Խ	Ի	Ե	Ղ	Ռ	Ճ	Ձ	Ա	Ե	Շ	H	P	Ղ
Բ	Հ	Լ	Ք	Ս	Ֆ	Ե	Ճ	Ն	Տ	Բ	Ձ	Յ	Ը
Ո	Շ	Ծ	Բ	Ն	Լ	Ւ	Մ	Ա	Ա	Ո	Ո	Ր	A
Դ	Պ	Ո	Ւ	Ք	Ե	A	Է	Տ	Կ	Կ	Թ	Ւ	Ո
Կ	Ա	Վ	Ա	Ն	Ի	Ր	Խ	Ս	Ի	Ր	Ա	Խ	Յ
H	Ր	Ա	Կ	Ձ	Ի	Տ	Ս	Ա	Վ	Ա	Ն	Ջ	H
Շ	Ա	Յ	Ա	Ծ	Պ	Դ	Ղ	Լ	Ի	Ն	Ր	Ղ	Մ
Ա	Ն	Ի	Յ	Ջ	Բ	Ո	Ս	Ա	Ն	Ա	Վ	Պ	Յ
Ր	Բ	Ն	Ա	Ա	Խ	Մ	Գ	Թ	Ծ	Ո	Վ	Դ	Ա
Ժ	H	Ո	Կ	Յ	Ց	Լ	Մ	Հ	Օ	Փ	Է	Չ	Կ
Ի	Օ	Վ	Կ	Ի	Ա	Ն	Ո	Ս	Ւ	Դ	Ն	Կ	Ղ
Չ	Ֆ	Դ	P	Ձ	Ւ	Ր	Է	Թ	E	Դ	Ղ	K	K

ԽԱՐԻՍԽ
ԲՈՒՅ
ՆԱՎԱԿ
ՊԱՐԱՆ
ԱՆՁՆԱԿԱԶՄ
ԼԱՍՏԱՆԱՎ
ԳԵՏ
ԿԱՅԱԿ
ԼԻՃ
ԱԼԻՔԸ
ՆԱՎԱՍՏԻ
ԿԱՅՄ
ԾՈՎ
ՇԱՐԺԻՉ
ԾՈՎԱՅԻՆ
ՕՎԿԻԱՆՈՍ
ԱԼԻՔՆԵՐ
ՍԱՅԼԲՈԱՏ
ՋԲՈՍԱՆԱՎ

100 - Mesures

Տ	Յ	Պ	Ժ	Գ	Ս	Ա	Ս	Տ	Ի	Ճ	Ա	Ն	Մ
Ա	Ր	Տ	Ի	Լ	Լ	Ա	Ի	Ց	Ն	Ւ	Ո	H	Խ
Ս	Ե	Տ	Ը	Շ	Ա	Ք	Ն	Ջ	Ա	A	Է	Շ	Ճ
Ն	Ր	Տ	Ե	Մ	Յ	Ձ	Յ	Տ	A	Է	Կ	Ճ	Ձ
Ո	Կ	Ծ	Պ	Մ	Ն	P	Ժ	Բ	Ի	Հ	Ջ	Է	Ա
Ր	Ա	Ա	Ո	Յ	Ո	Բ	Ա	Յ	Տ	Մ	Ա	Ր	Գ
Դ	Ր	Վ	Ր	Ւ	Ւ	Լ	Հ	H	Φ	Մ	Ե	Ւ	K
Ա	Ո	Ա	Յ	Ո	Թ	Ճ	Ի	Ե	Ծ	Ա	Ճ	Տ	Ճ
Կ	Ւ	Լ	Ղ	Յ	Յ	Ռ	Շ	Կ	Գ	Ր	Շ	Մ	Ր
Ա	Թ	Ը	Ա	Դ	Ո	Φ	H	O	O	Գ	Է	Ս	Φ
Ն	Յ	Խ	Է	Ն	Ւ	Ո	Յ	Թ	Ւ	Ո	Ր	Ո	Խ
Շ	Ո	Վ	Հ	Ձ	Ն	Ջ	Յ	Ը	Ֆ	Լ	Ն	O	Հ
Ժ	Ւ	K	Ո	E	Չ	Ո	Ւ	Կ	Ե	Ի	Է	A	Ղ
P	Ն	Չ	Ս	Ղ	Φ	H	Տ	Հ	Դ	Կ	Դ	Գ	Ք

ՍԱՆՏԻՄԵՏՐ
ԱՍՏԻՃԱՆ
ՏԱՍՆՈՐԴԱԿԱՆ
ԳՐԱՄ
ԿԻԼՈԳՐԱՄ
ԿԻԼՈՄԵՏՐ
ԼԱՅՆՈՒԹՅՈՒՆ
ԼԻՏՐ
ԵՐԿԱՐՈՒԹՅՈՒՆ
ՄԵՏՐ
ՐՈՊԵ
ԲԱՅՏ
ՈՒՆՑԻԱ
ՔԱՇԸ
ԴՅՈՒՅՄ
ԽՈՐՈՒԹՅՈՒՆ
ՏՈՆՆԱ
ԾԱՎԱԼԸ

1 - Adjectifs #2

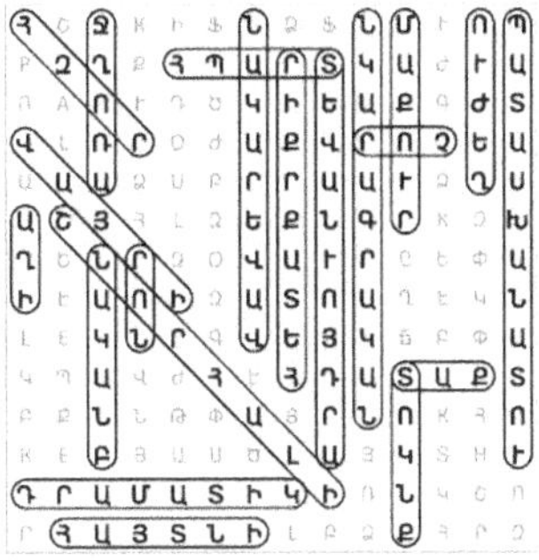

2 - Formes

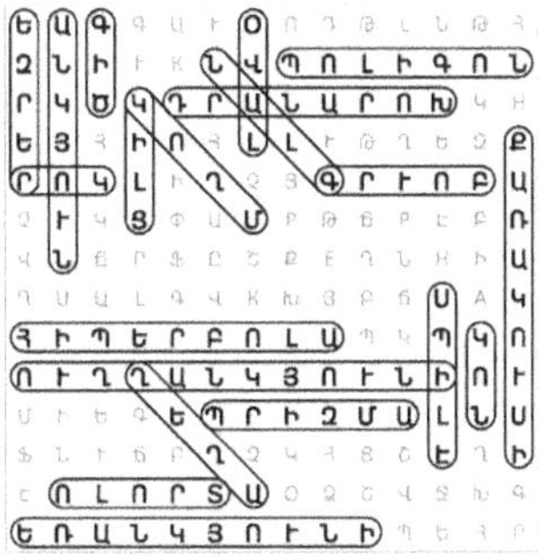

3 - Force et Gravité

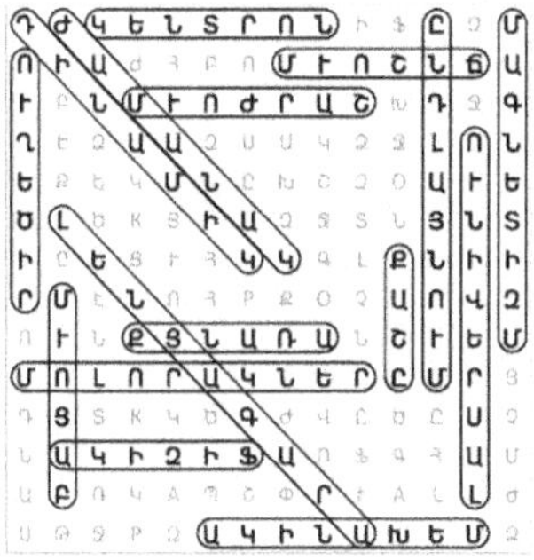

4 - Adjectifs #1

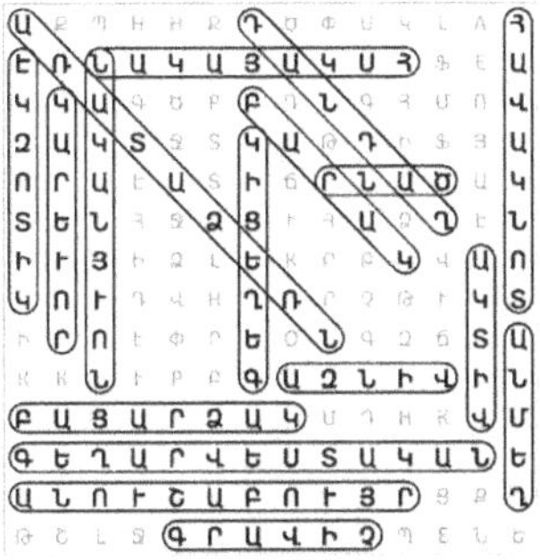

5 - Instruments de Musique

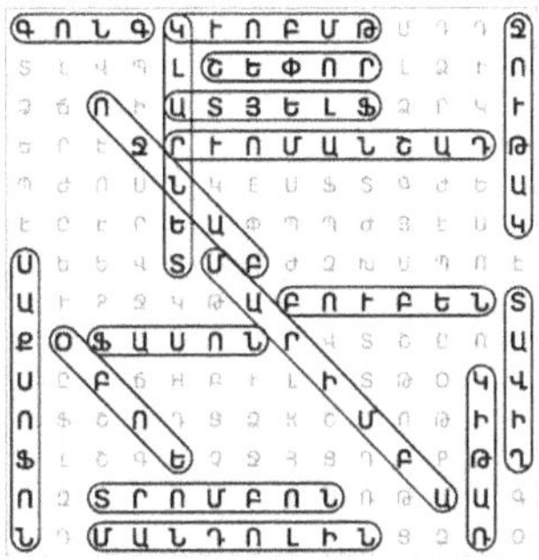

6 - Échecs

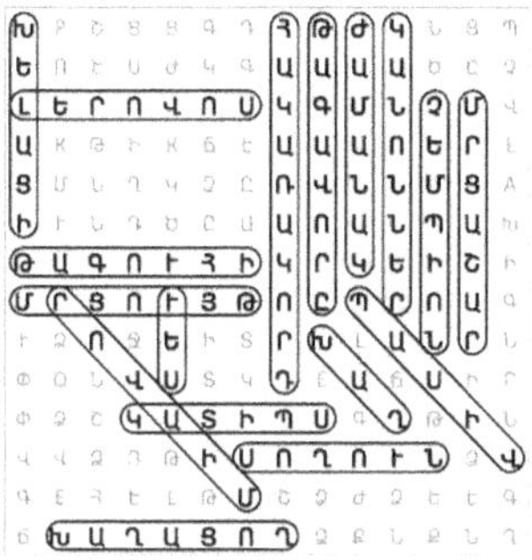

7 - Herboristerie

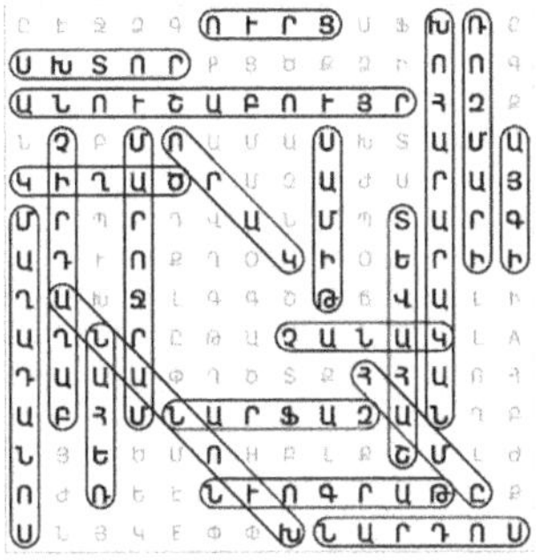

8 - Photographie

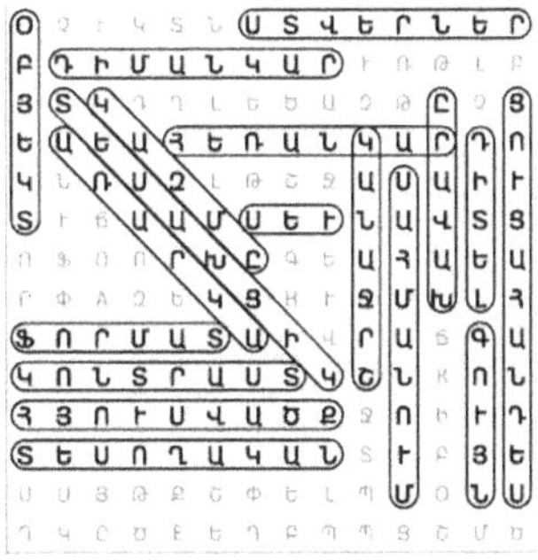

9 - Véhicules

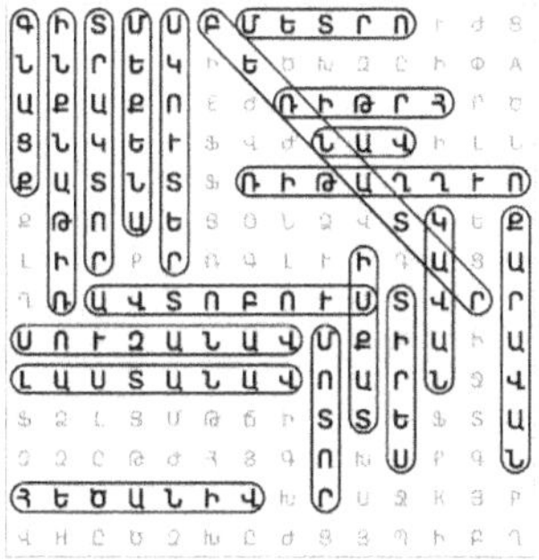

10 - Camping

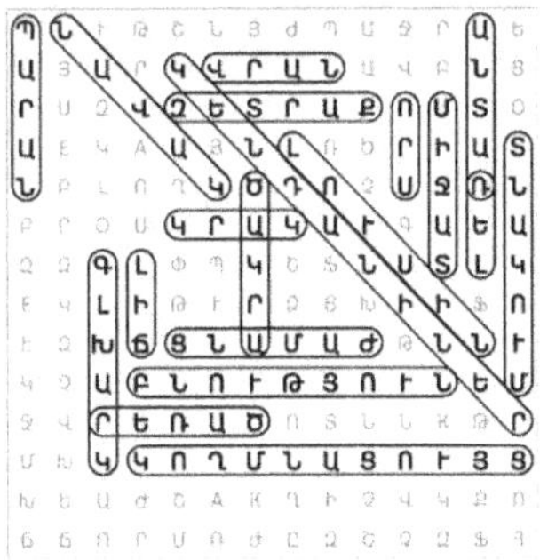

11 - Écologie

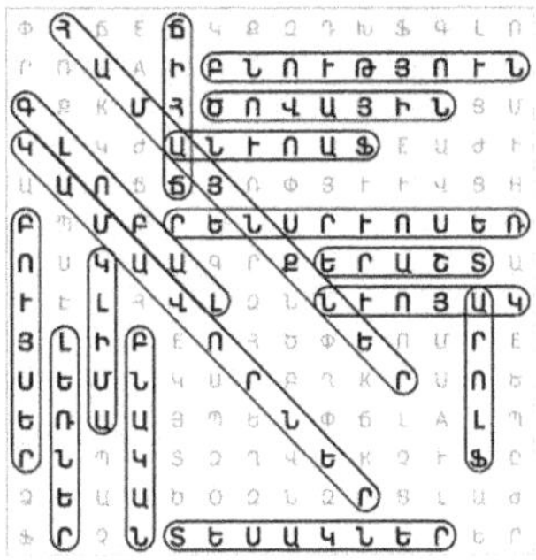

12 - Géométrie

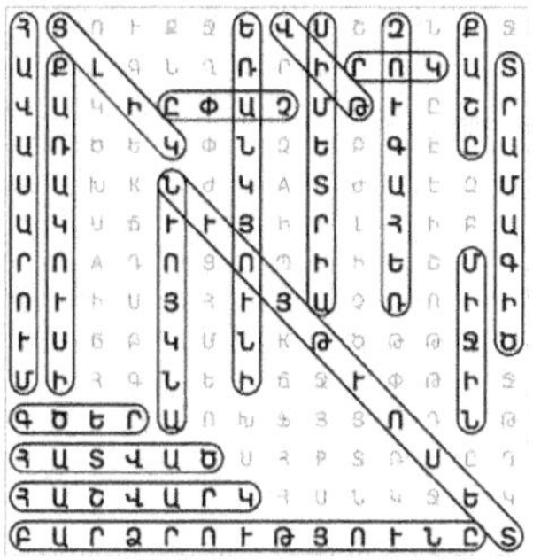

13 - Les Médias

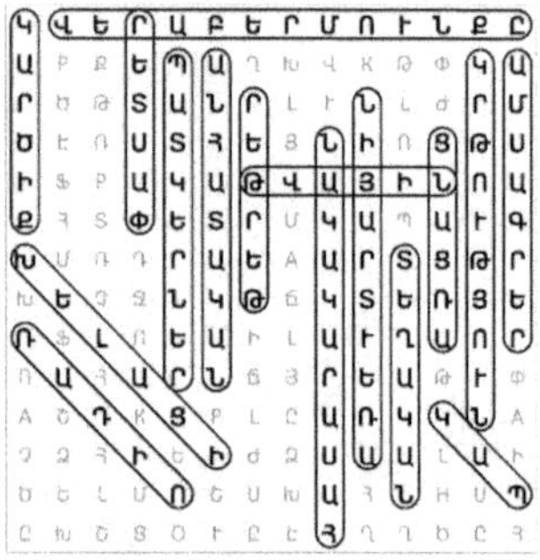

14 - Diplomatie

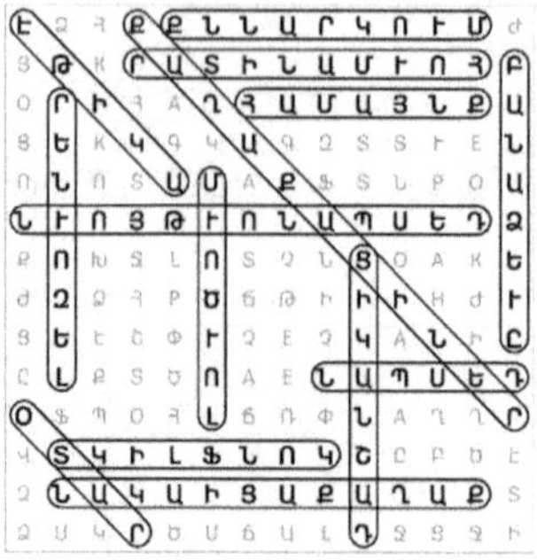

15 - Astronomie

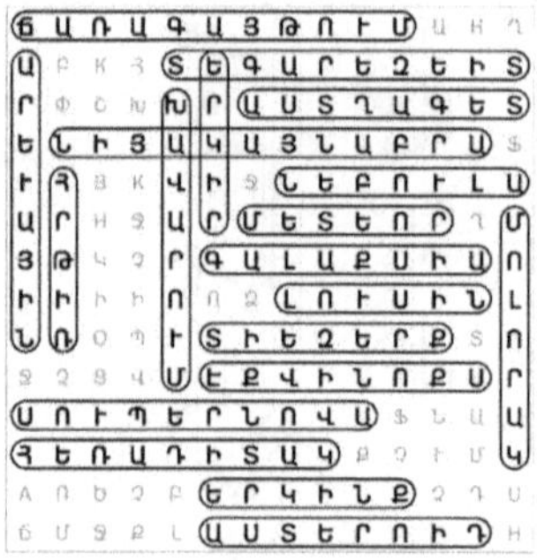

16 - Physique

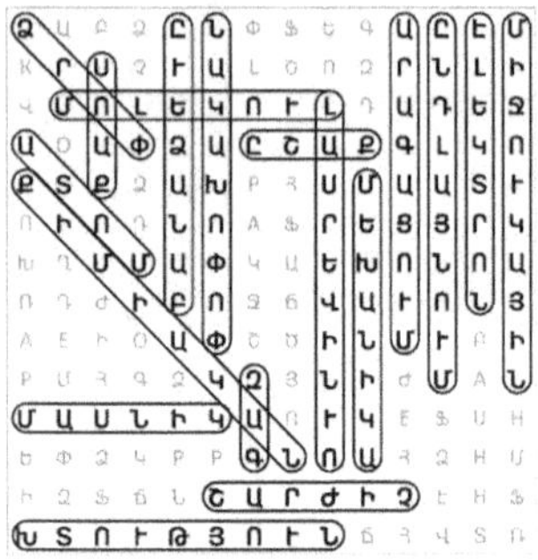

17 - Types de Cheveux

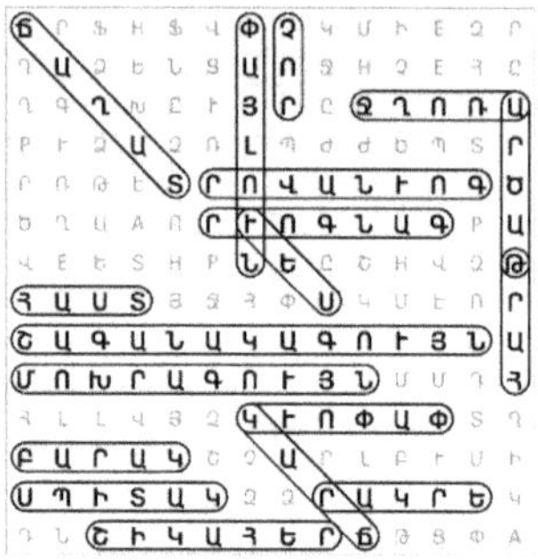

18 - Archéologie

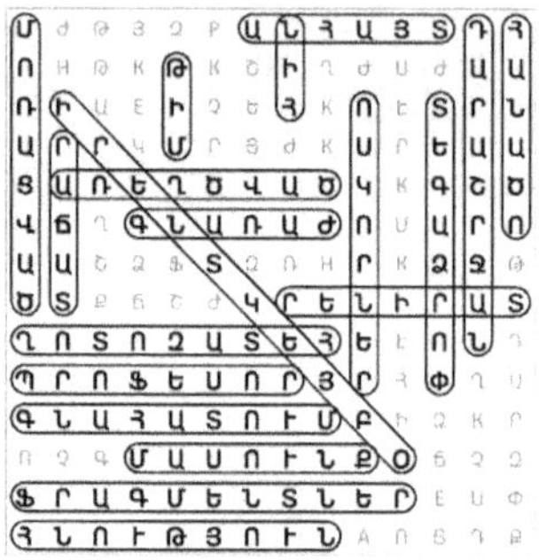

19 - Mammifères

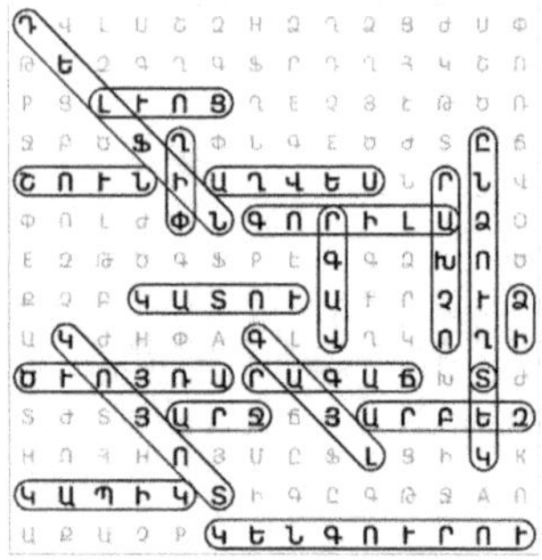

20 - Sports

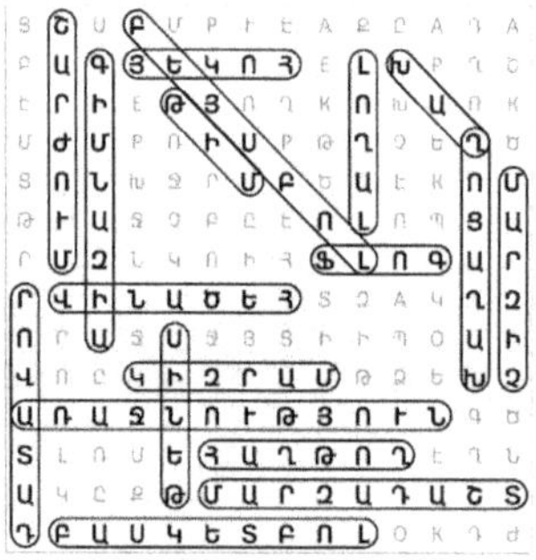

21 - Chocolat

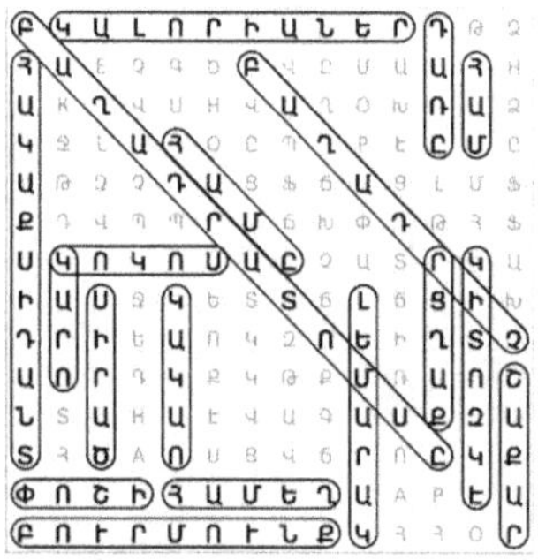

22 - Mathématiques

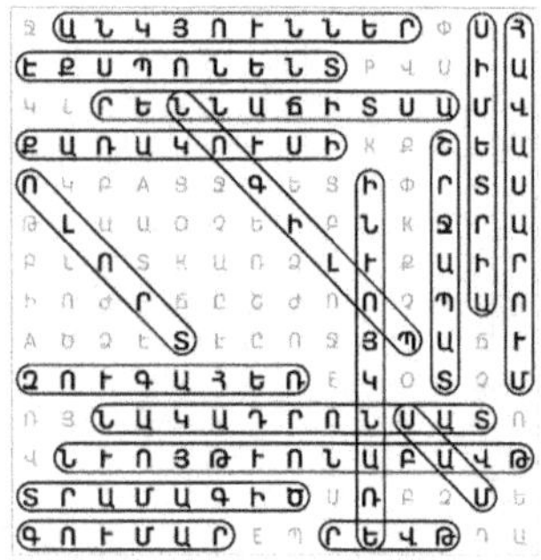

23 - Sport

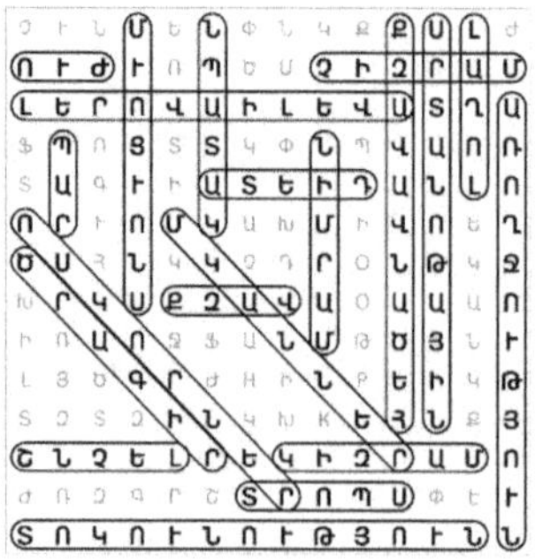

24 - Mythologie

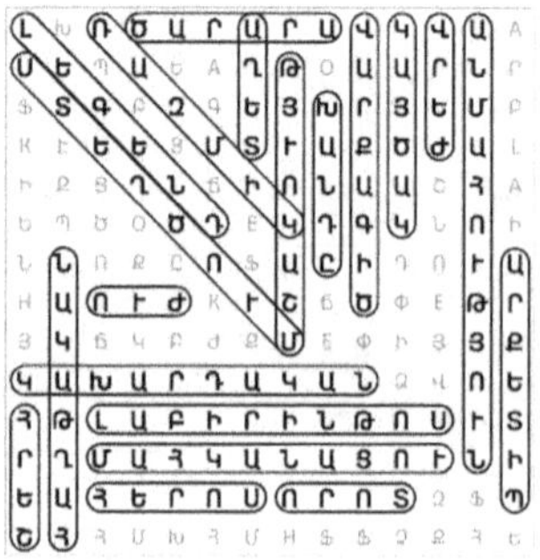

25 - Restaurant #2

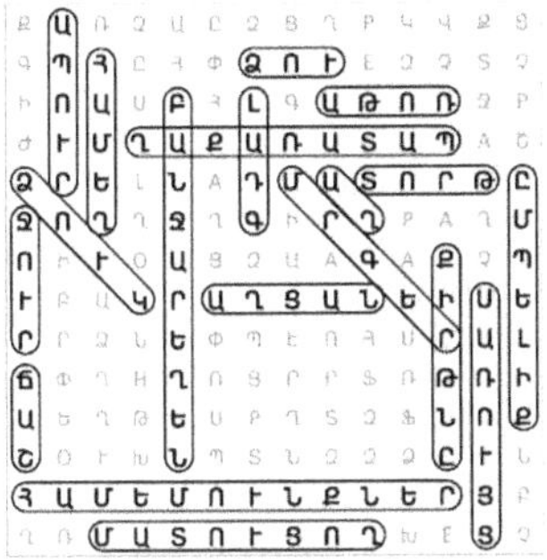

26 - Beauté

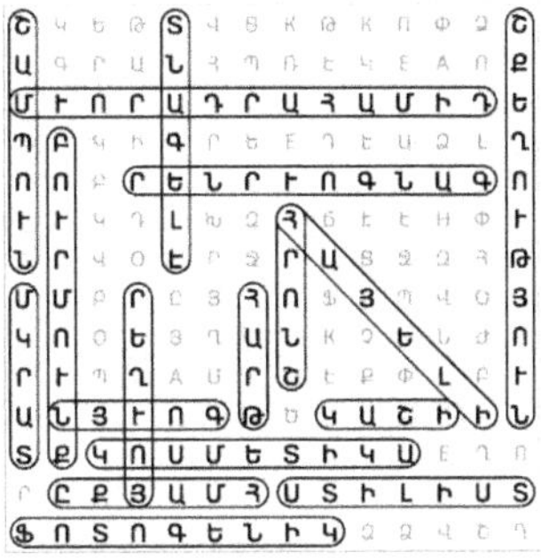

27 - Avions

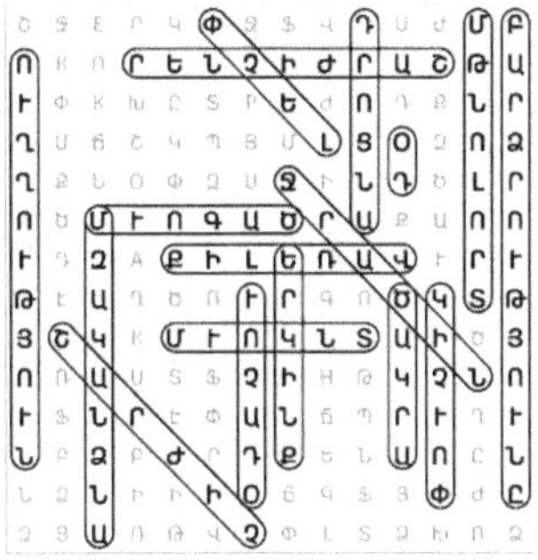

28 - Ville

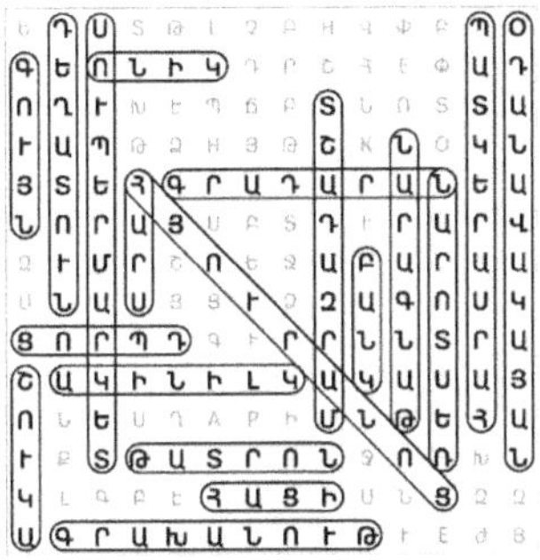

29 - Ingénierie

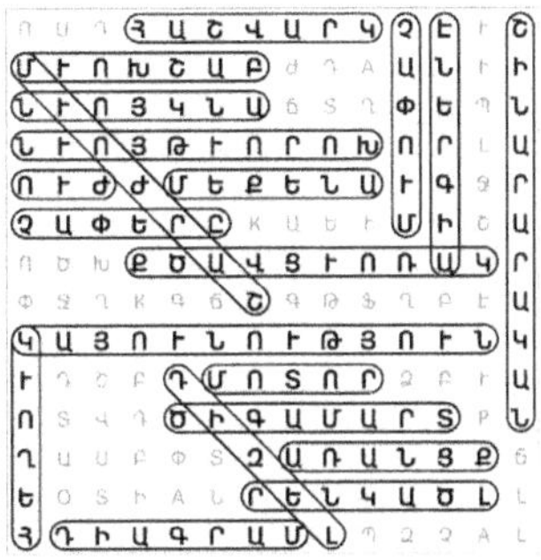

30 - Énergie

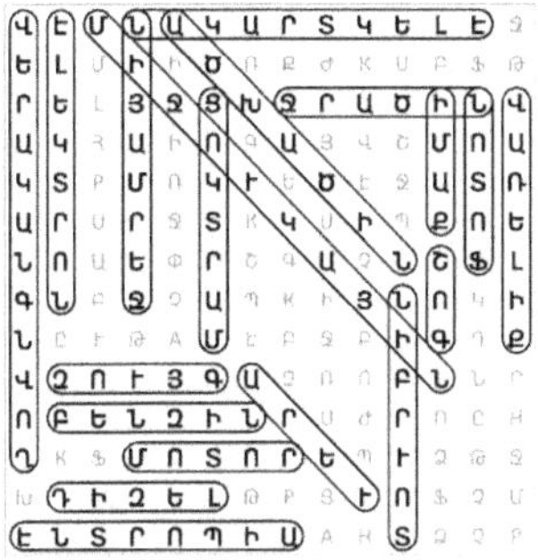

31 - Corps Humain

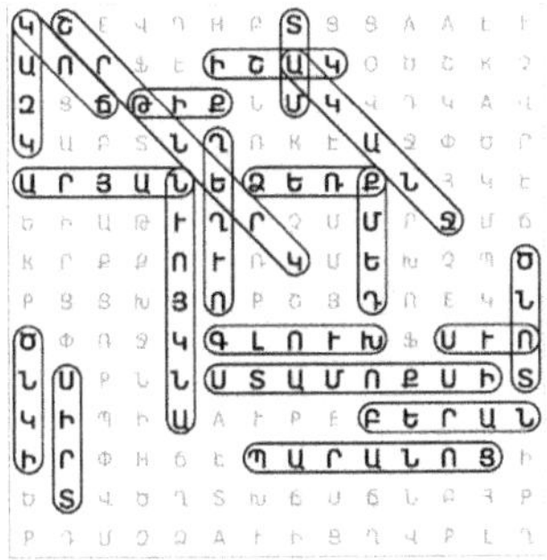

32 - Épices

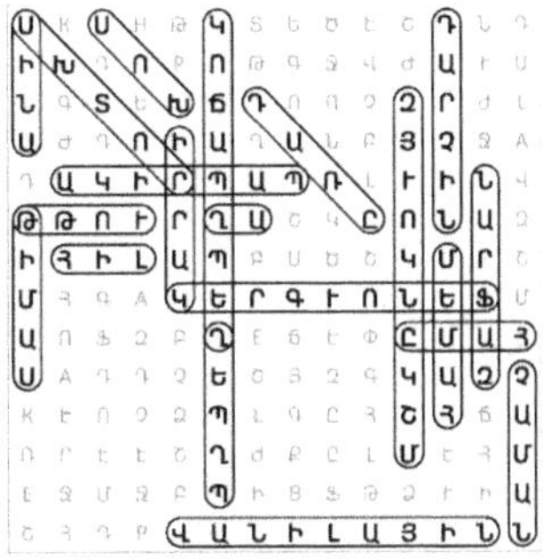

33 - Science

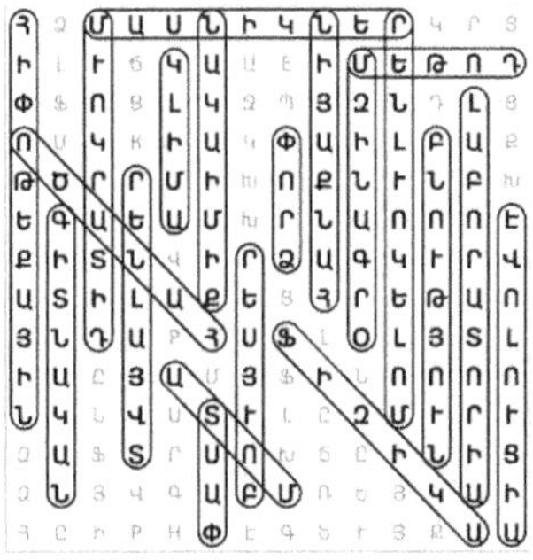

34 - Vêtements

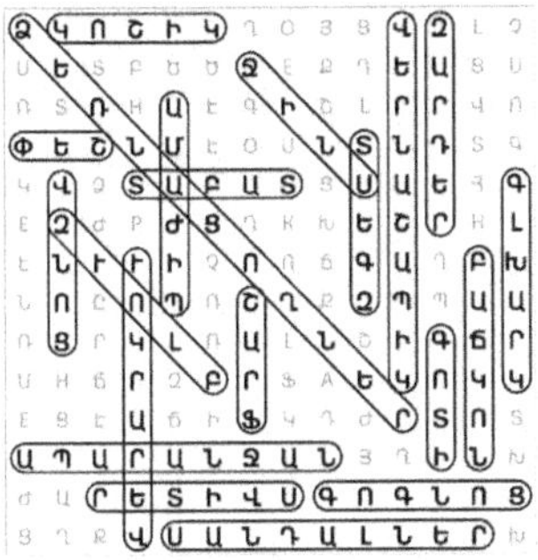

35 - Arts Visuels

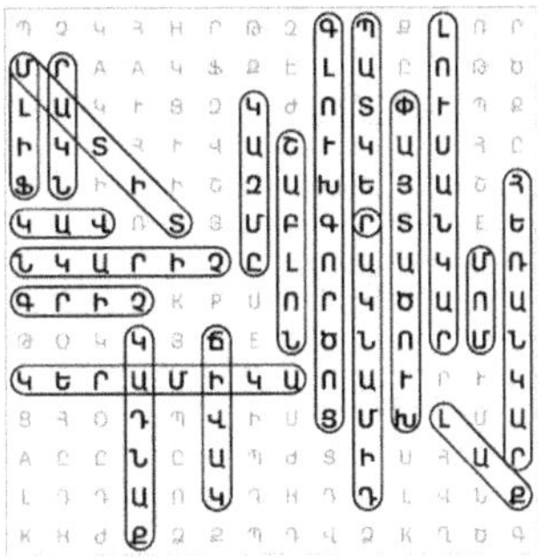

36 - Méditation

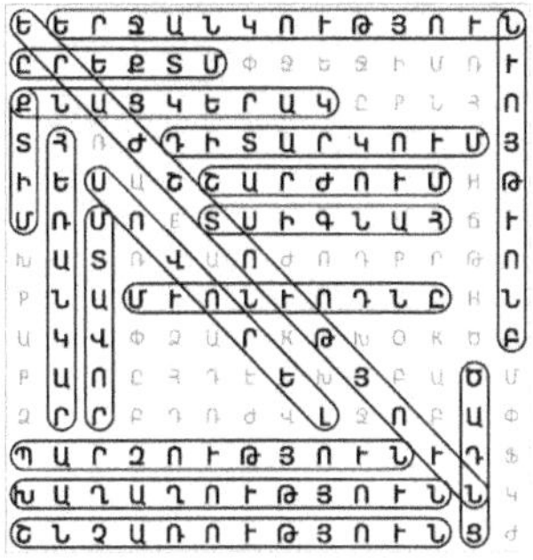

37 - Nourriture #1

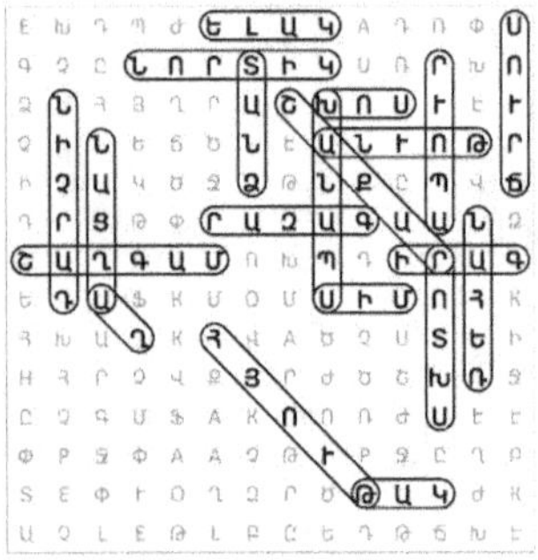

38 - Jours et Mois

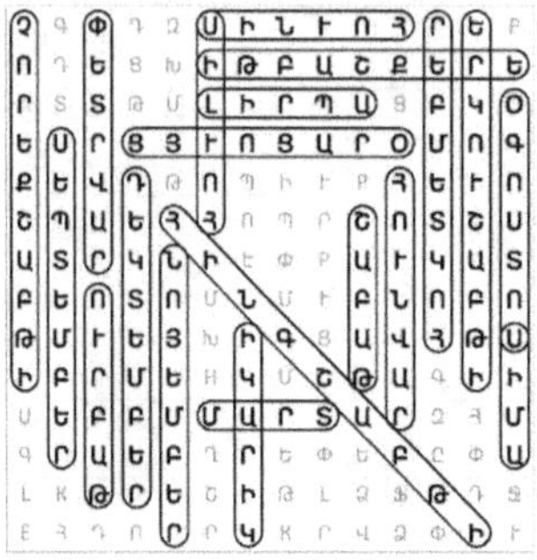

39 - Championnat

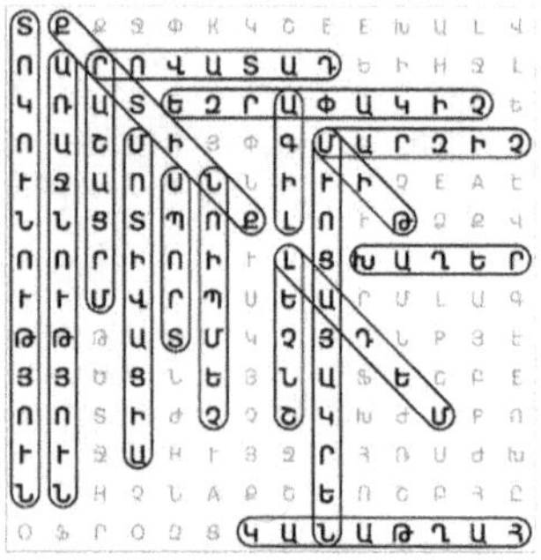

40 - Jardinage

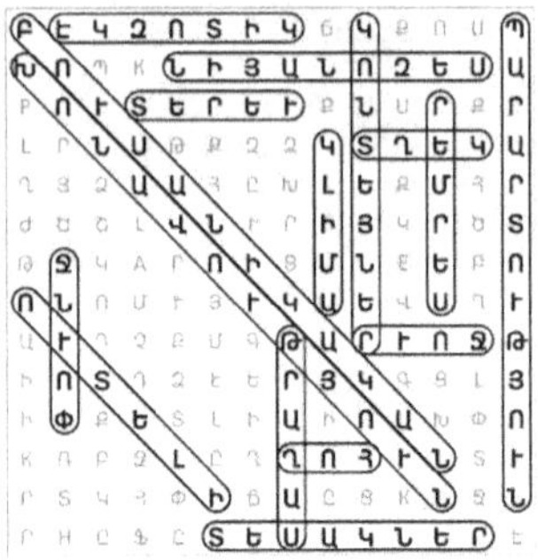

41 - Entreprise

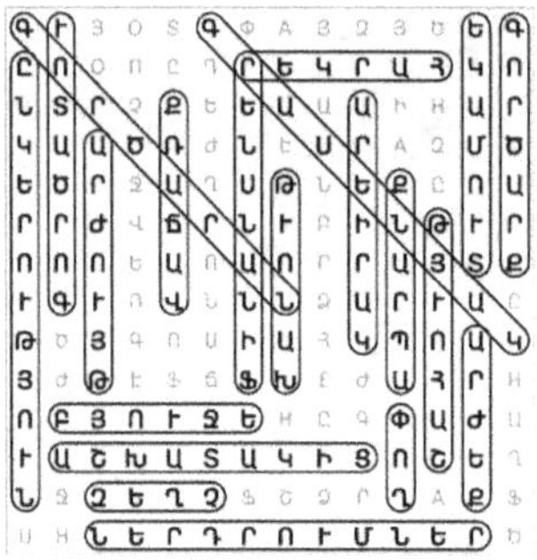

42 - Mode

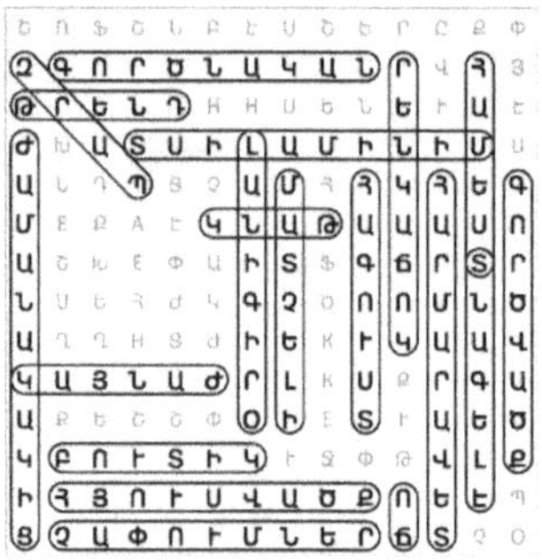

43 - Nourriture #2

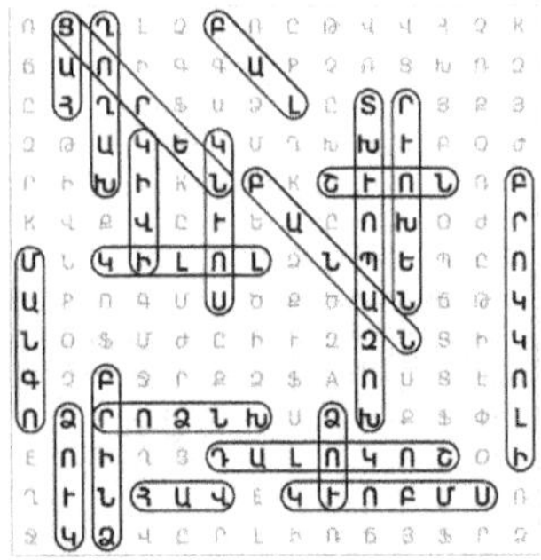

44 - Algèbre

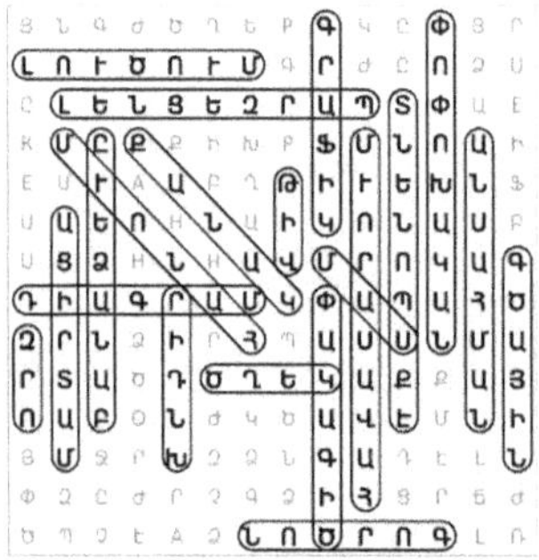

45 - Océan

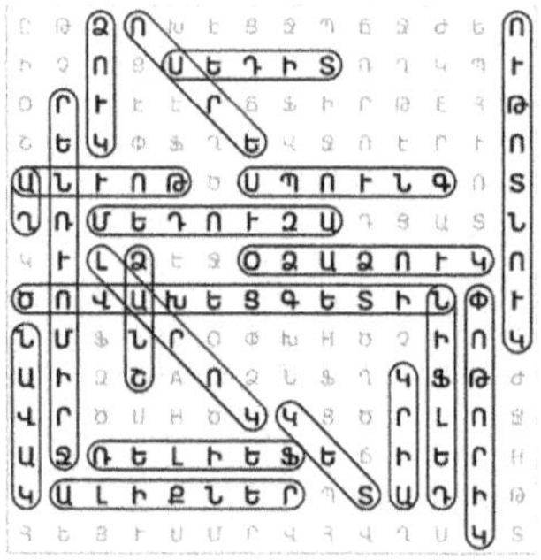

46 - Antiquités

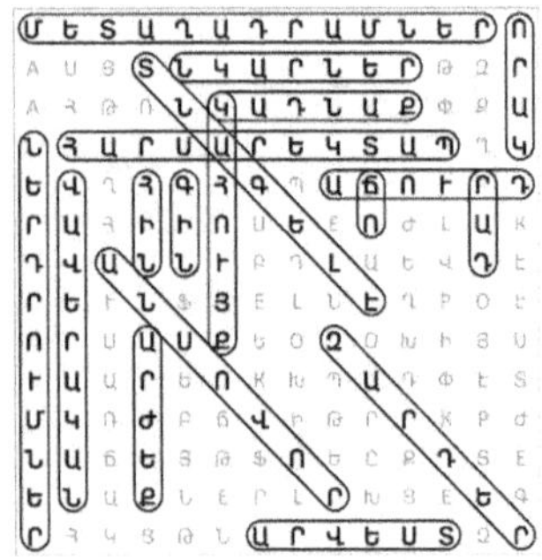

47 - Boxe

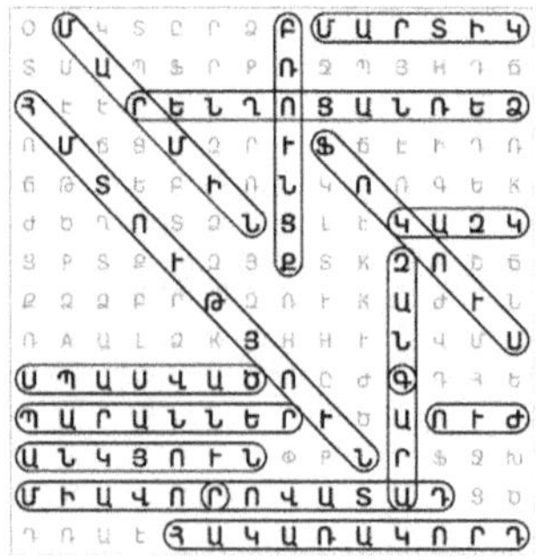

48 - Ballet

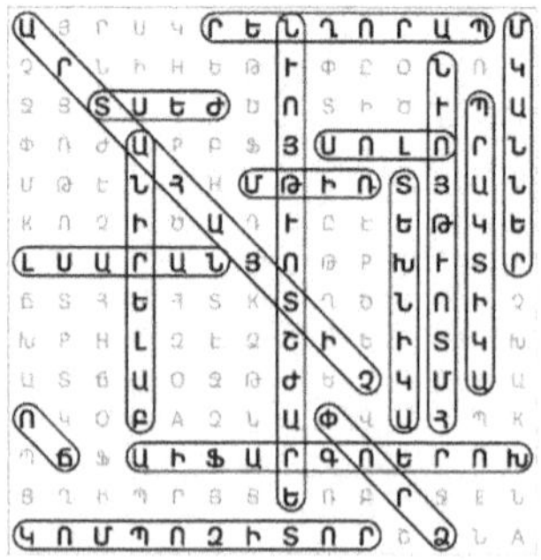

49 - Fruit

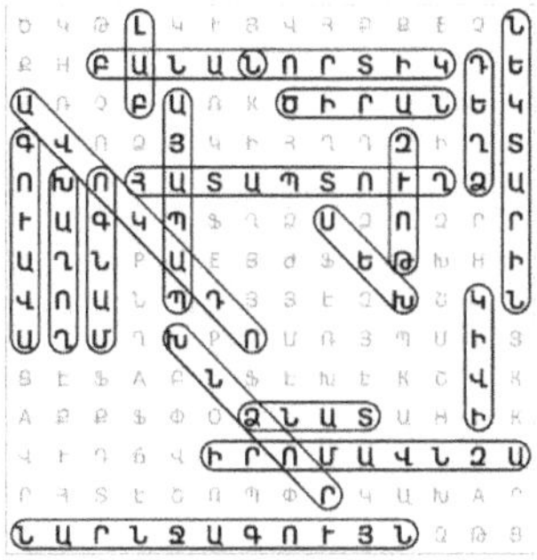

50 - Musique

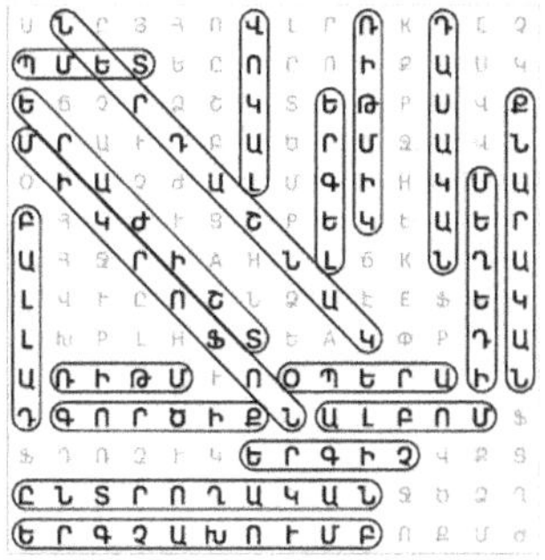

51 - Météo

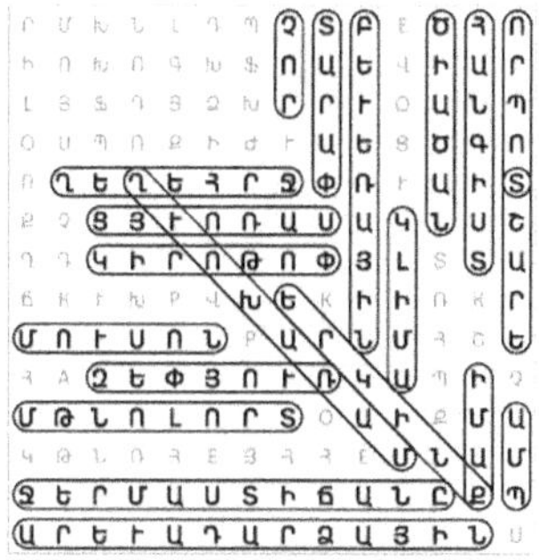

52 - Gouvernement

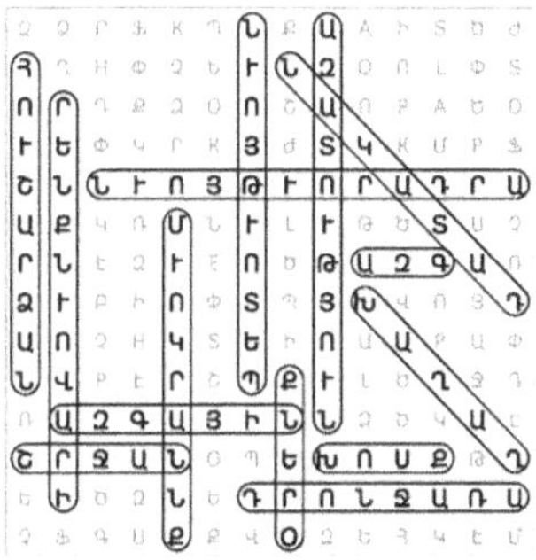

53 - Randonnée

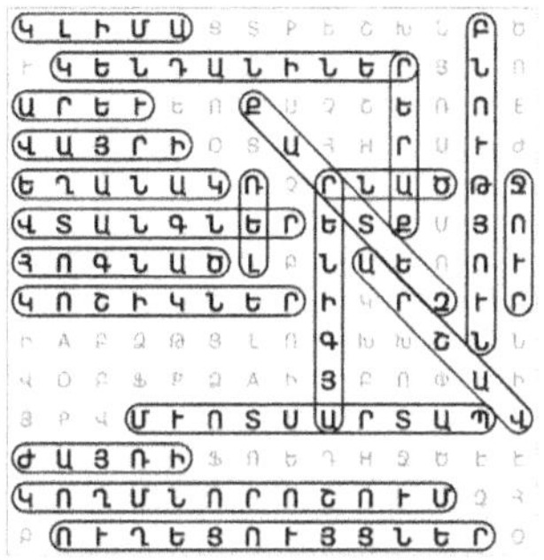

54 - Art

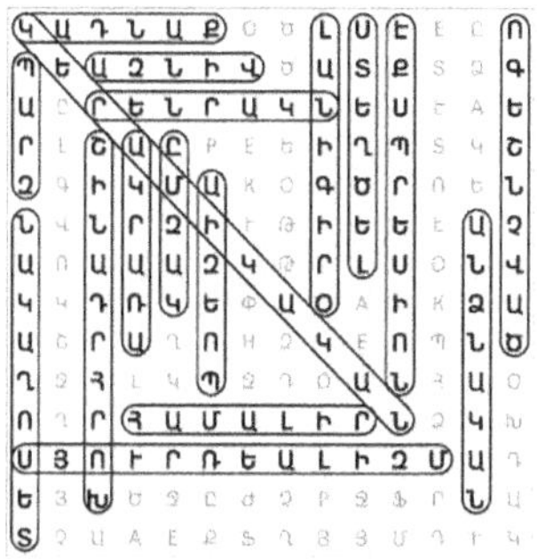

55 - Nutrition

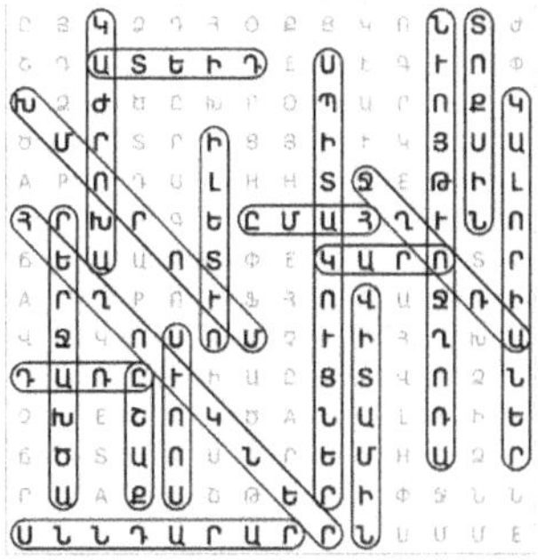

56 - Créativité

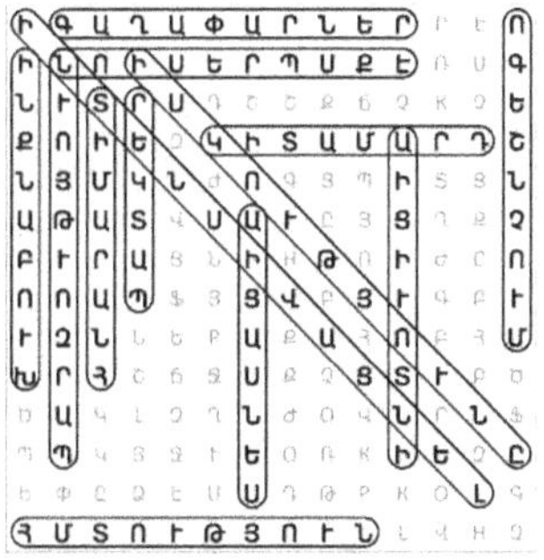

57 - Science Fiction

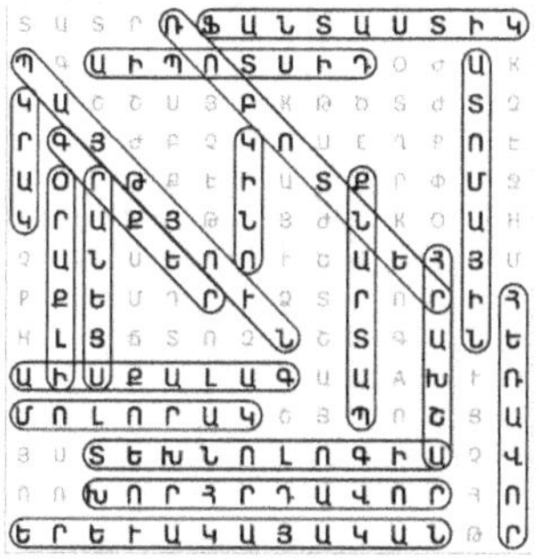

58 - Vertus #1

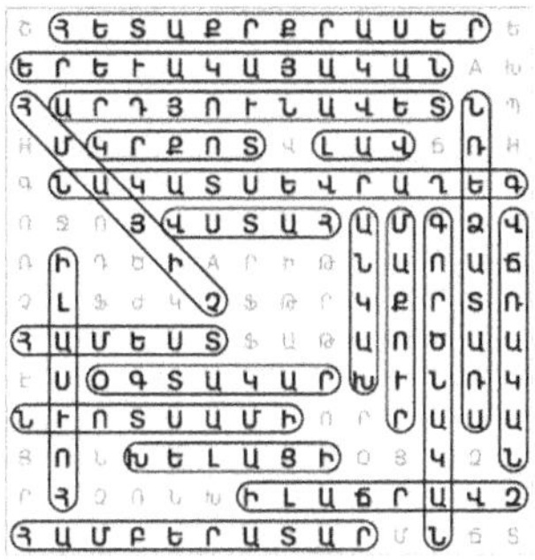

59 - Professions #1

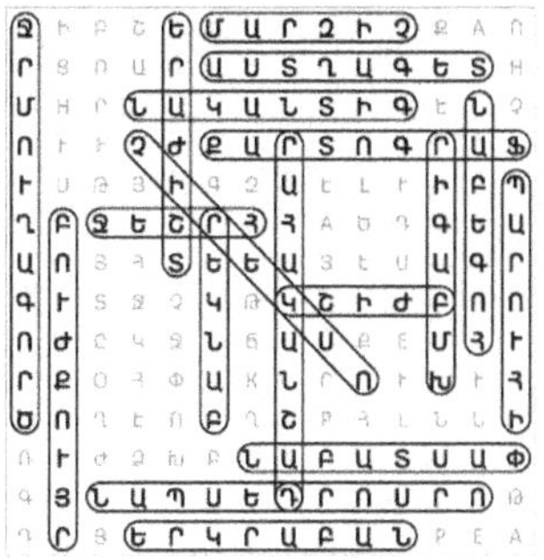

60 - Géologie

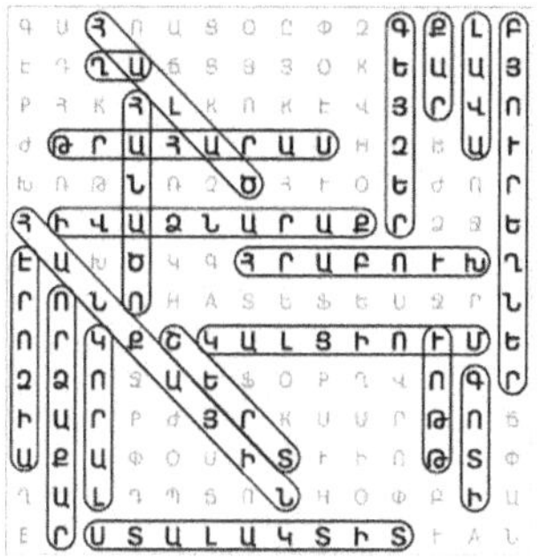

61 - Cirque

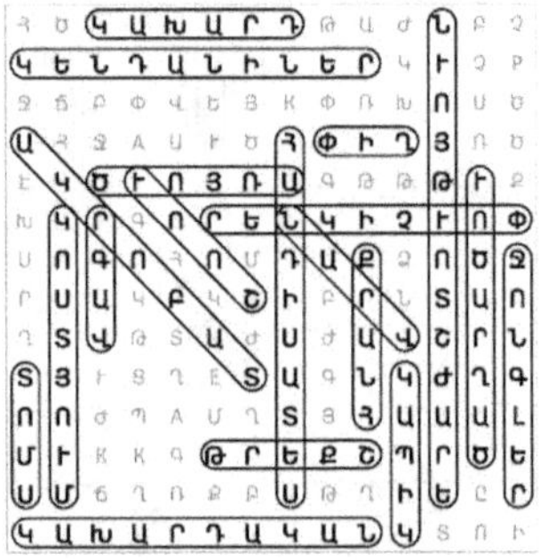

62 - Santé et Bien Être #1

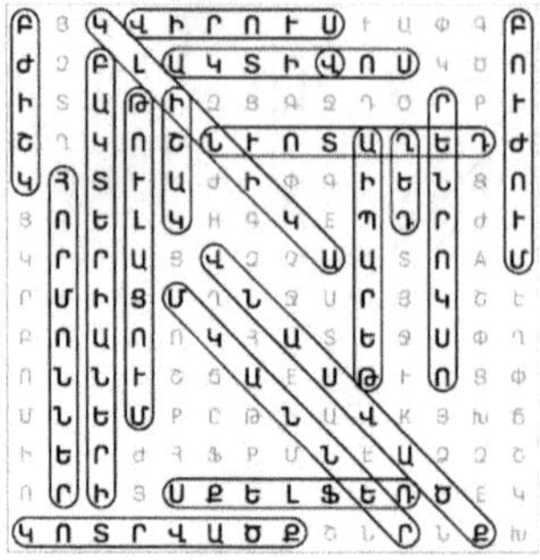

63 - Barbecues

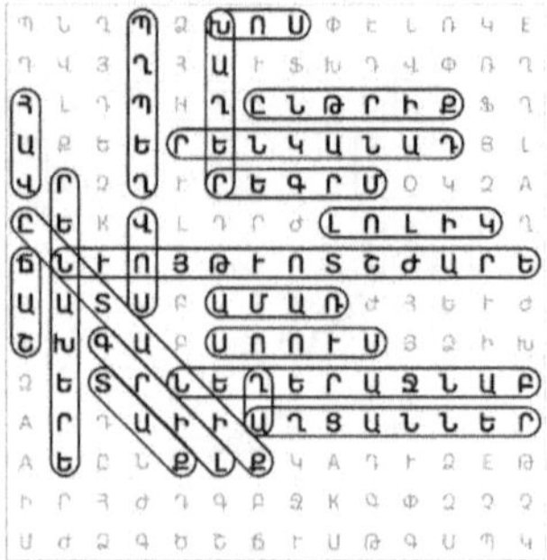

64 - Animaux de Compagnie

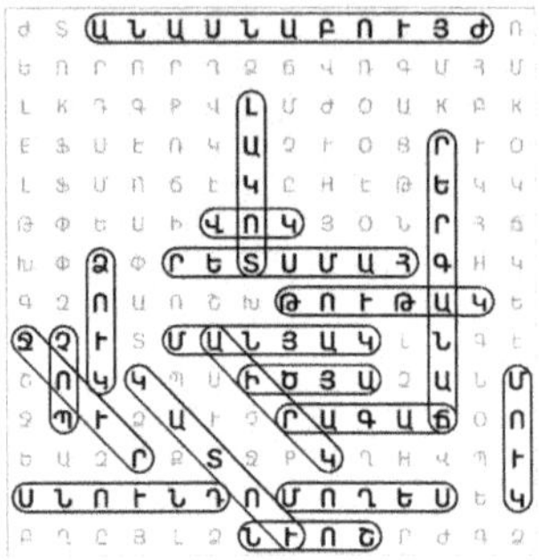

65 - Forêt Tropicale

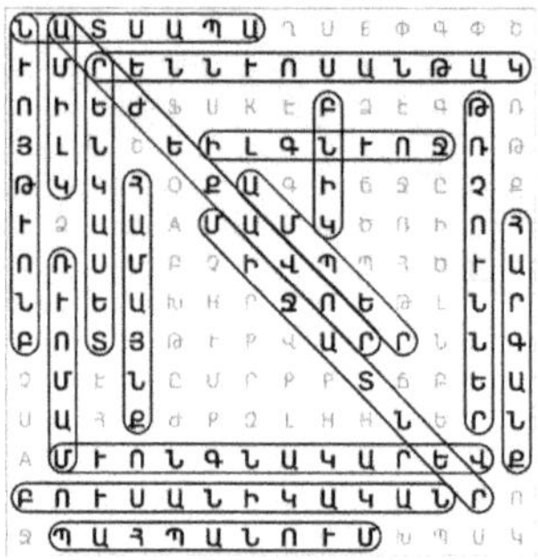

66 - Ferme #1

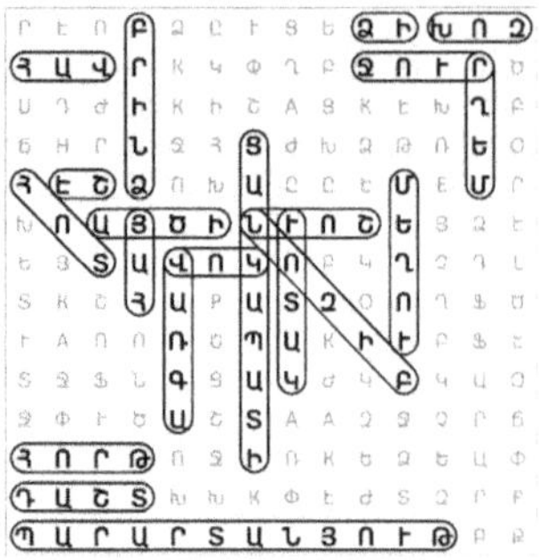

67 - Café

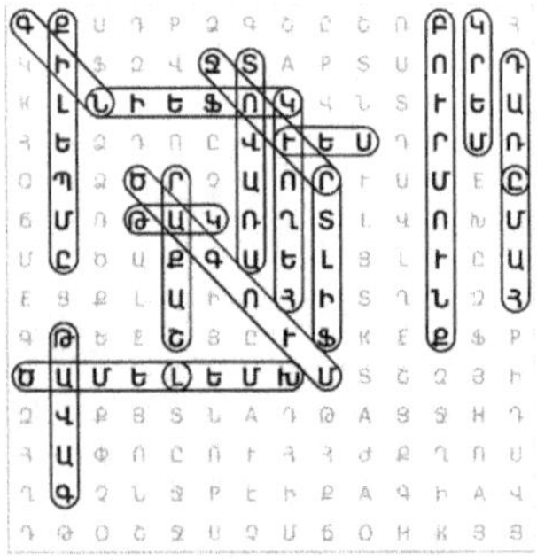

68 - Antarctique

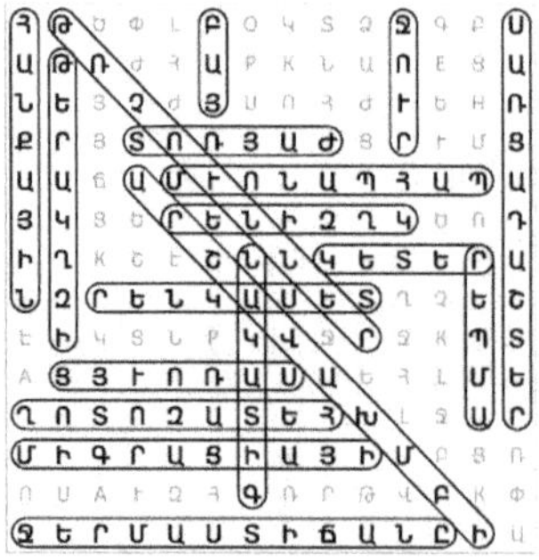

69 - Professions #2

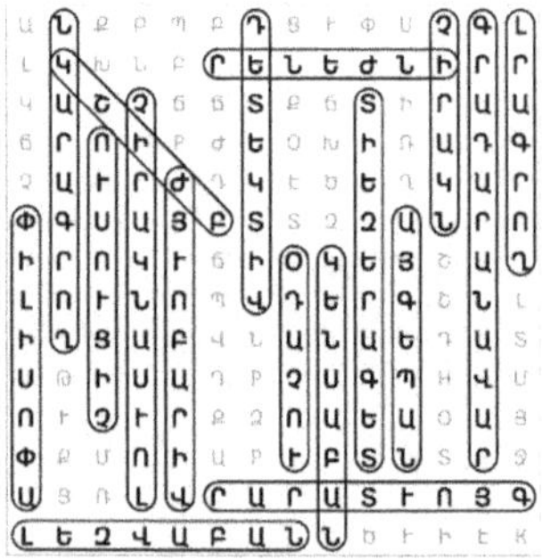

70 - Les Abeilles

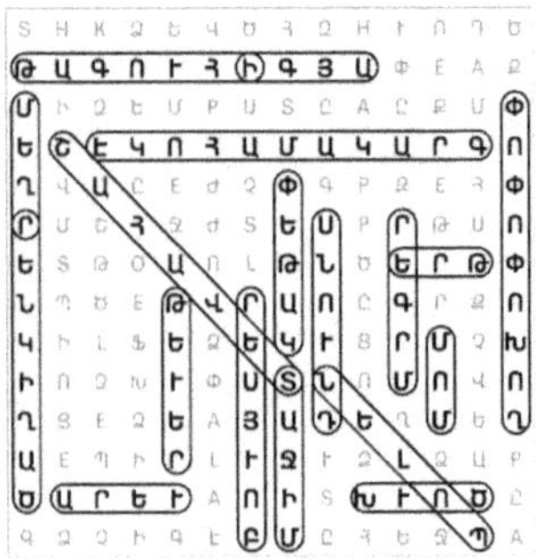

71 - Santé et Bien Être #2

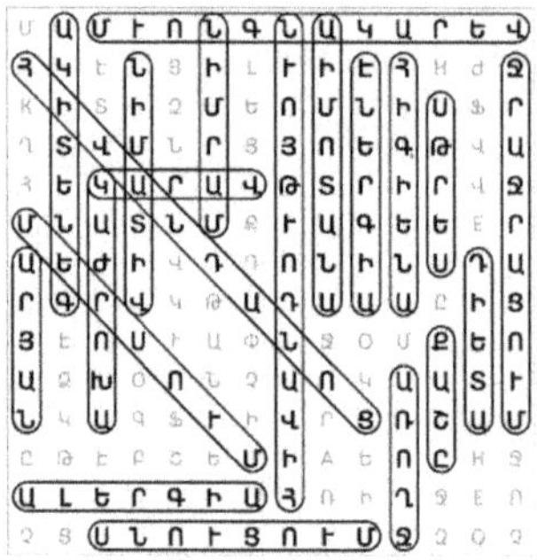

72 - Conduite

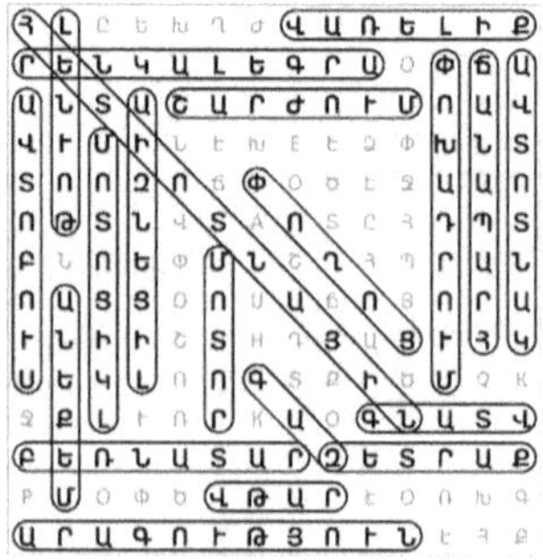

73 - Plantes

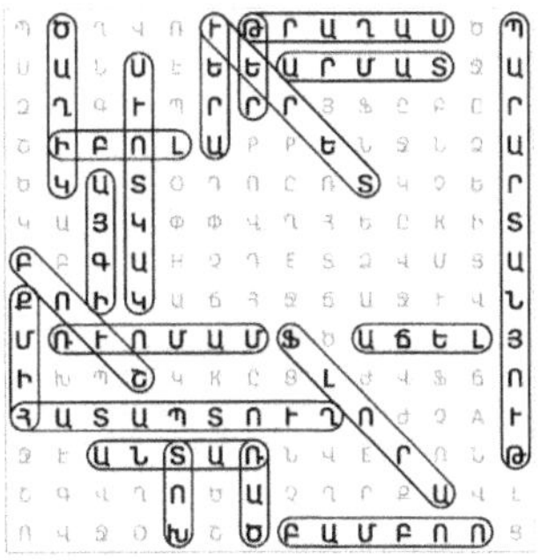

74 - Ferme #2

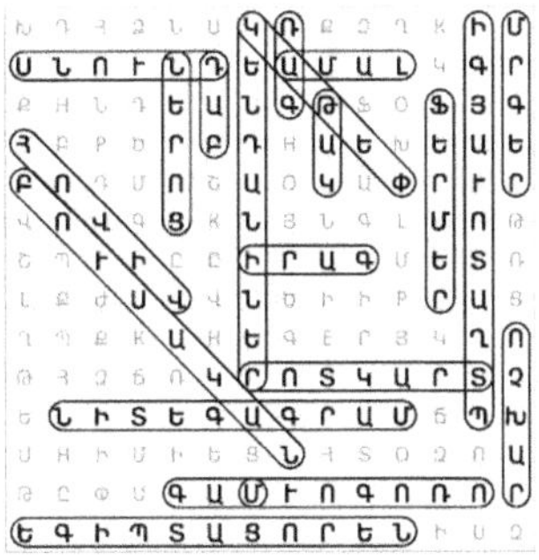

75 - Vacances #2

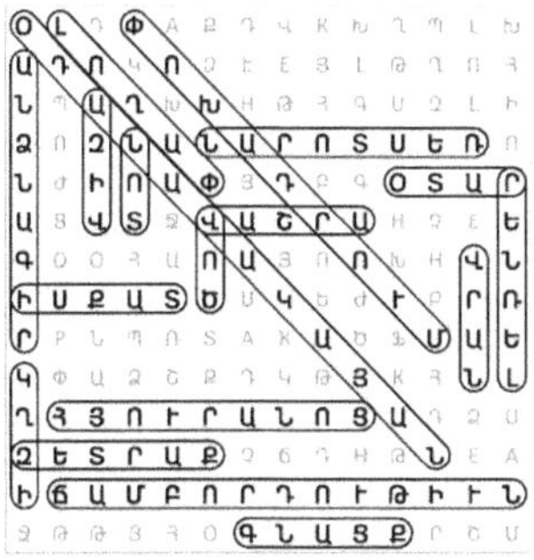

76 - Temps

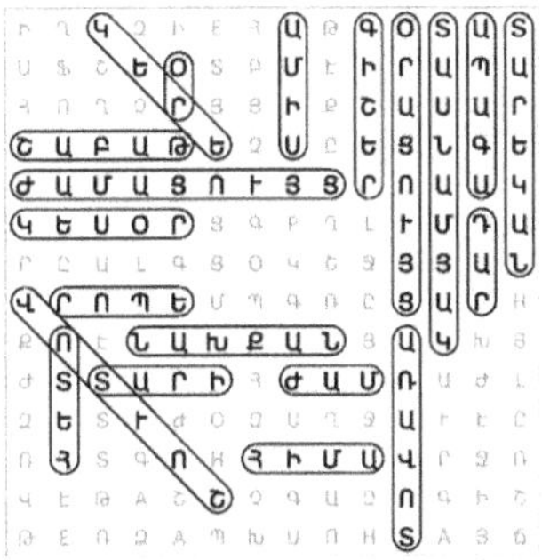

77 - Maison

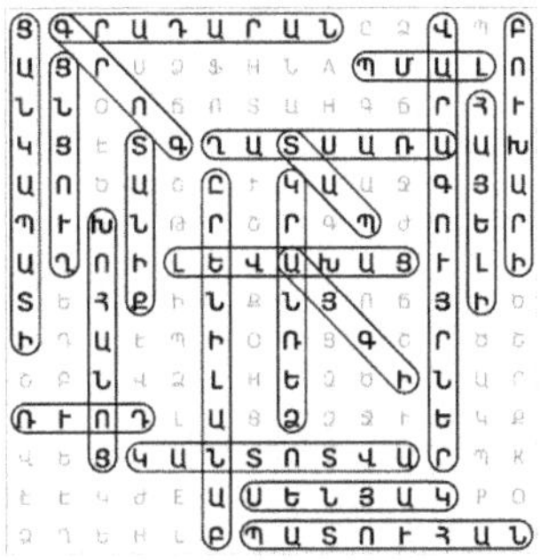

78 - Légumes

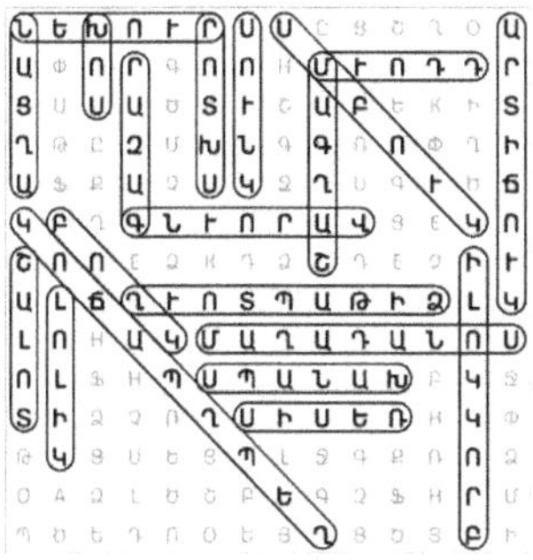

79 - Plage

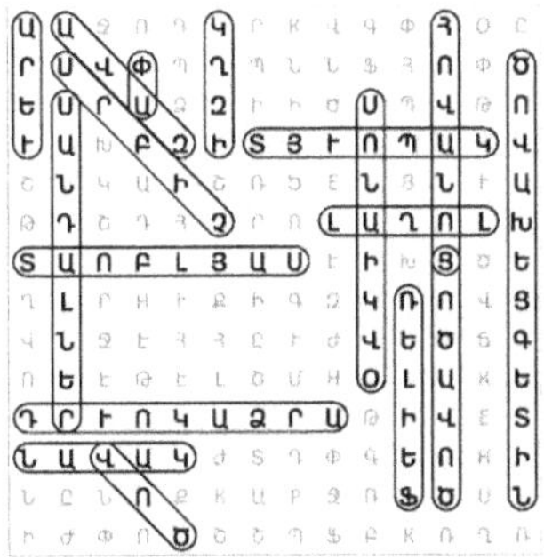

80 - Vacances #1

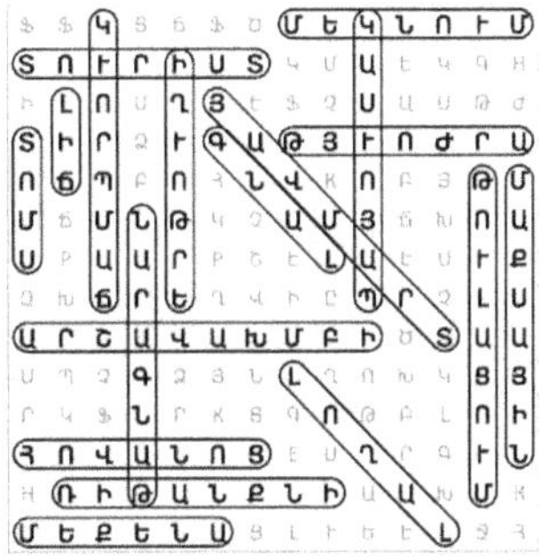

81 - Famille

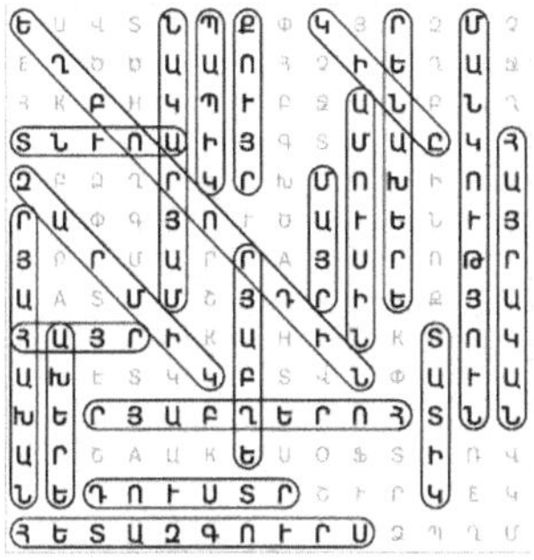

82 - Oiseaux

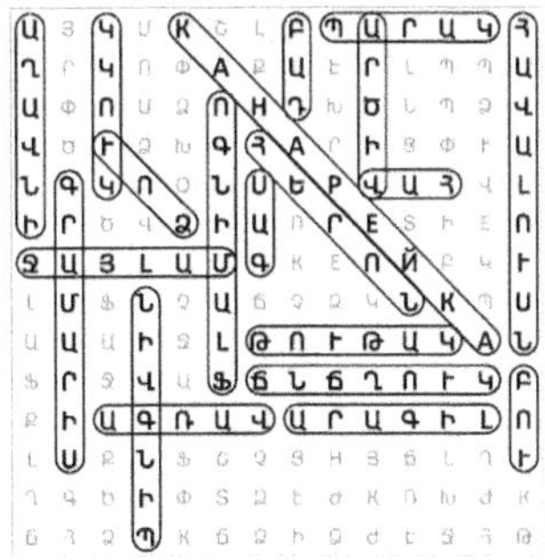

83 - Émotions

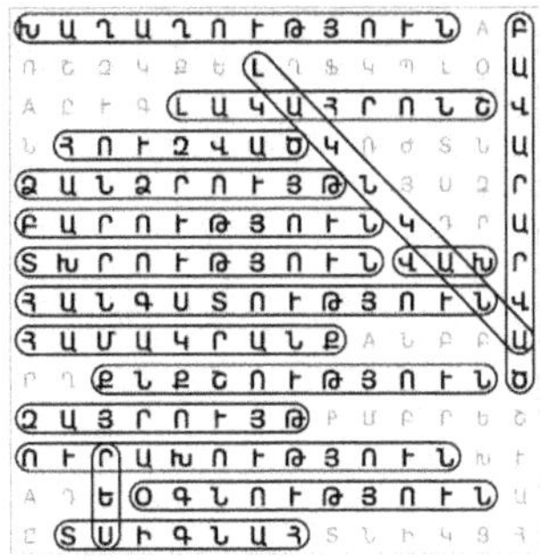

84 - Univers

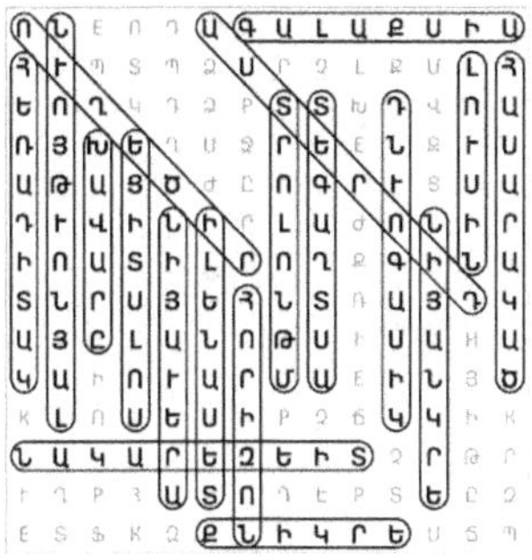

85 - Géographie

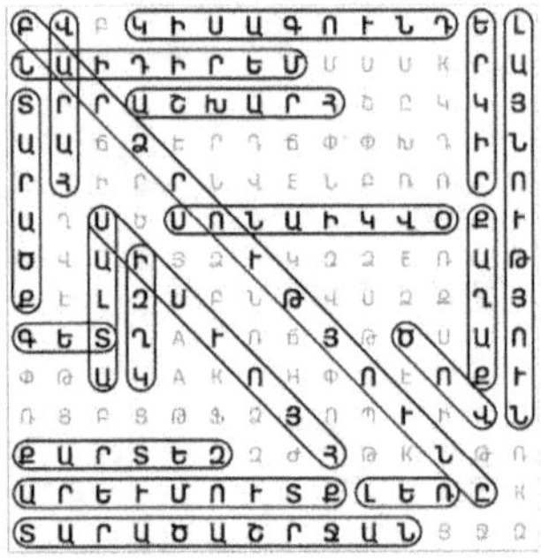

86 - Danse

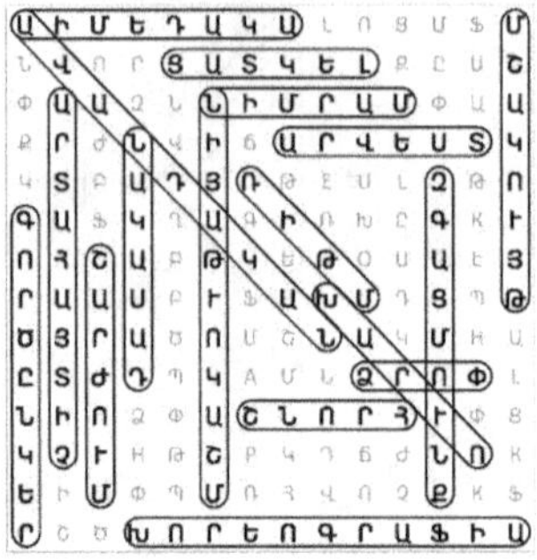

87 - Bâtiments

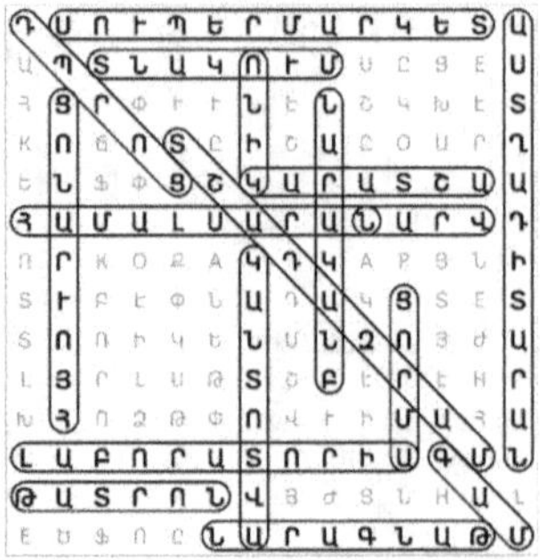

88 - Livres

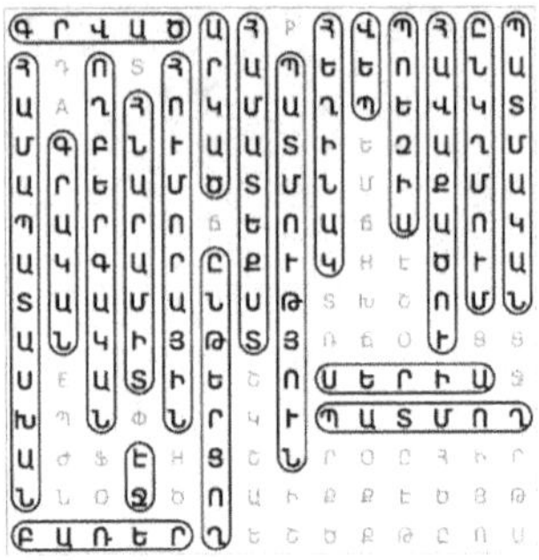

89 - Pays #2

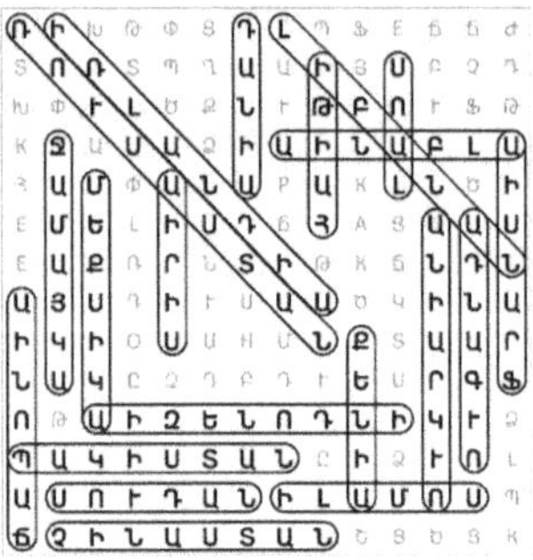

90 - Fournitures d'Art

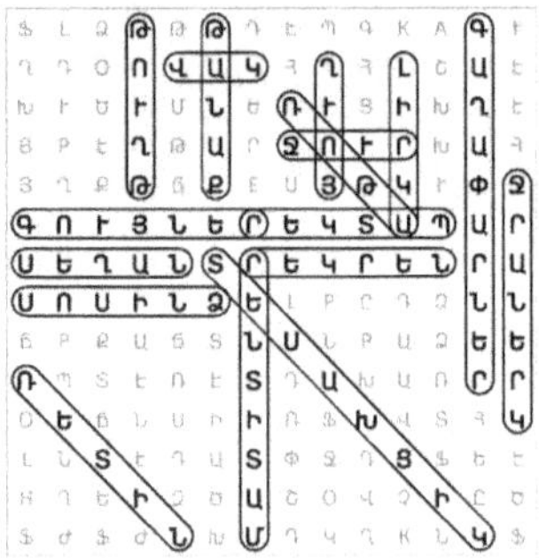

91 - Eau

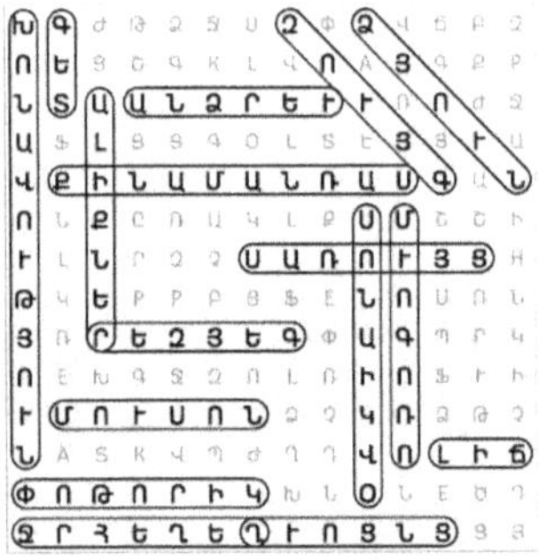

92 - Jazz

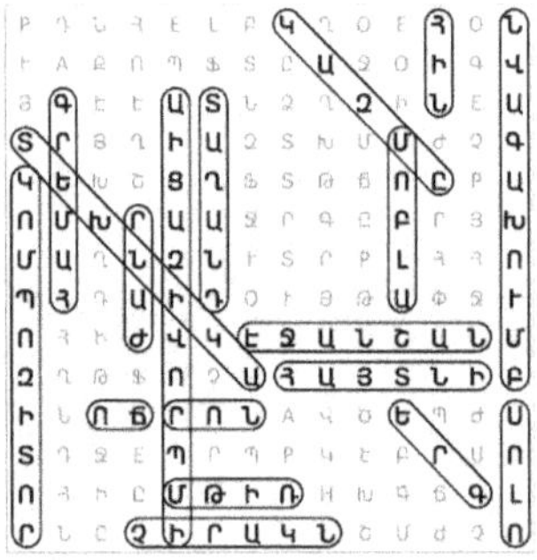

93 - Paysages

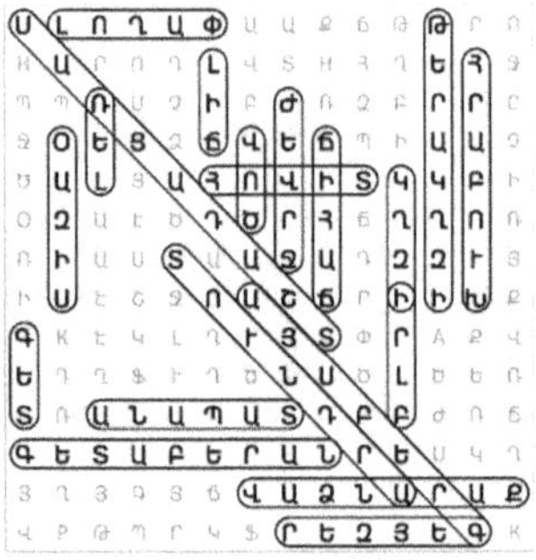

94 - Pays #1

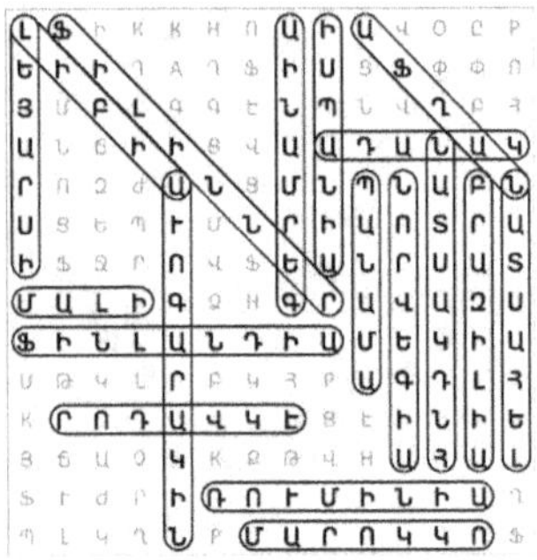

95 - Nombres

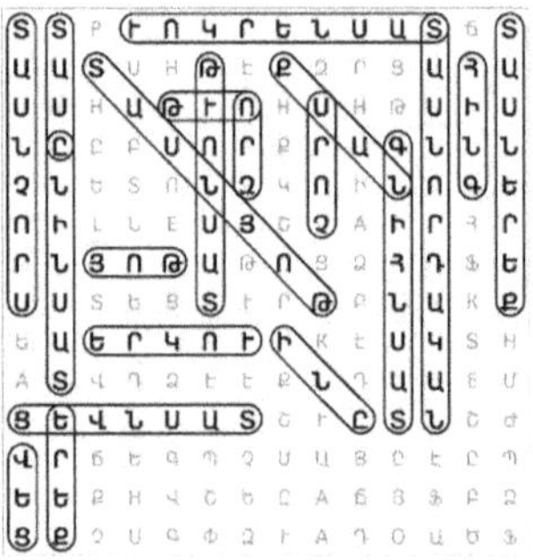

96 - Psychologie

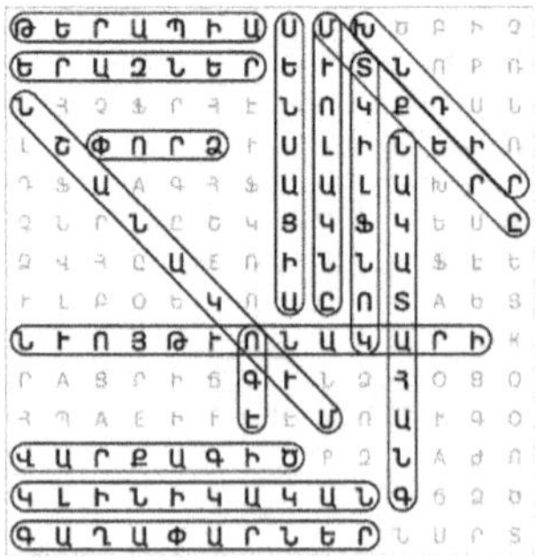

97 - Nature

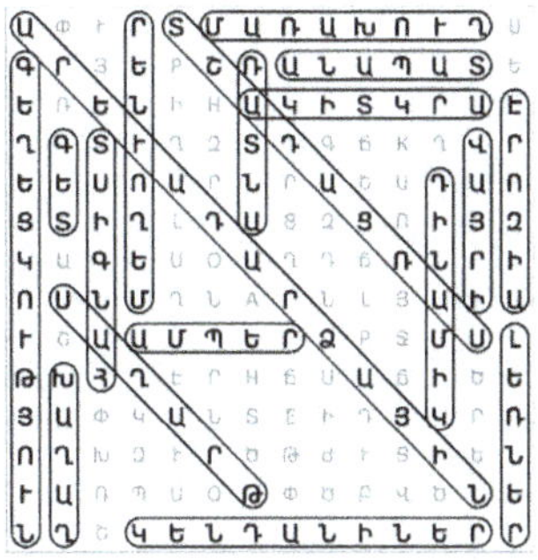

98 - Chimie

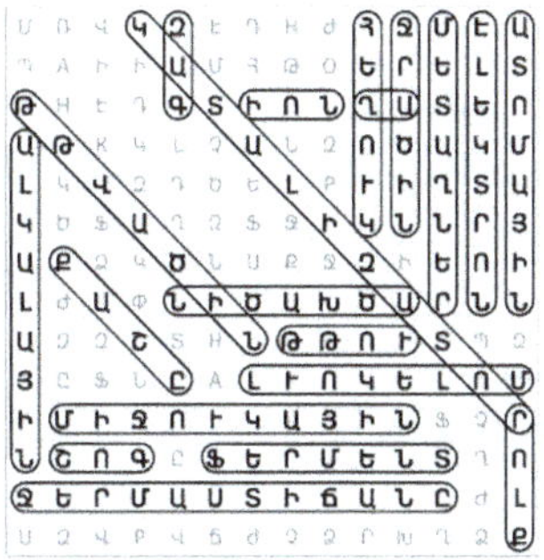

99 - Bateaux

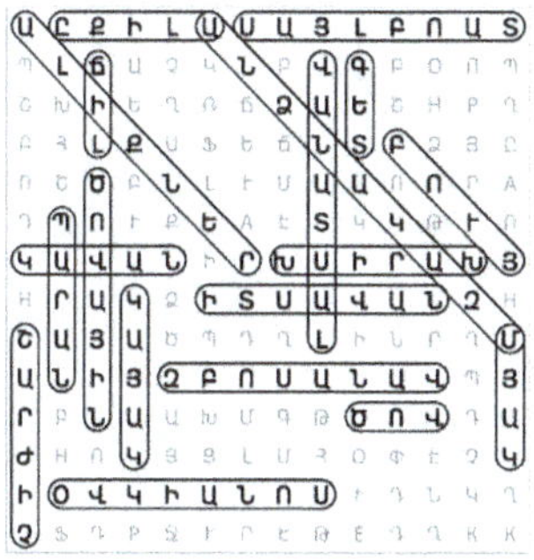

100 - Mesures

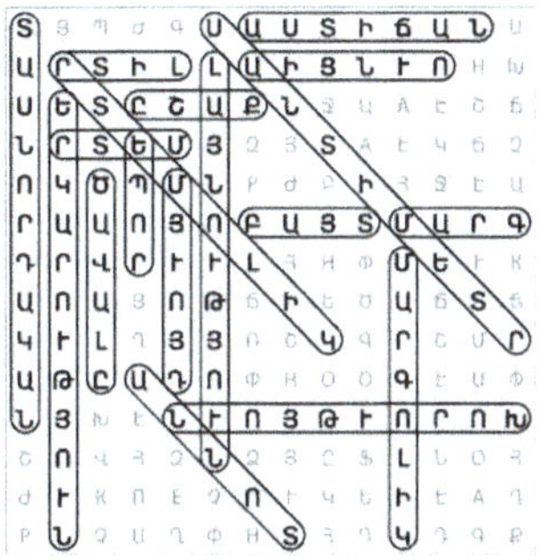

Dictionnaire

Adjectifs #1

Ածականներ #1

Absolu	Բացարձակ
Actif	Ակտիվ
Ambitieux	Հավակնոտ
Aromatique	Անուշաբույր
Artistique	Գեղարվեստական
Attractif	Գրավիչ
Beau	Գեղեցիկ
Exotique	Էկզոտիկ
Énorme	Հսկայական
Généreux	Առատաձեռն
Honnête	Ազնիվ
Identique	Նույնական
Important	Կարեւոր
Innocent	Անմեղ
Jeune	Երիտասարդ
Lent	Դանդաղ
Lourd	Ծանր
Mince	Բարակ
Moderne	Ժամանակակից
Parfait	Կատարյալ

Adjectifs #2

Ածականներ #2

Authentique	Վավերական
Célèbre	Հայտնի
Chaud	Տաք
Descriptif	Նկարագրական
Doué	Շնորհալի
Dramatique	Դրամատիկ
Fier	Հպարտ
Fort	Ուժեղ
Intéressant	Հետաքրքիր
Naturel	Բնական
Nouveau	Նոր
Productif	Արդյունավետ
Puissant	Հզոր
Pur	Մաքուր
Responsable	Պատասխանատու
Sain	Առողջ
Salé	Աղի
Sauvage	Վայրի
Sec	Չոր
Somnolent	Քնկոտ

Algèbre

Հանրահաշիվ

Diagramme	Դիագրամ
Exposant	Էքսպոնենտ
Équation	Հավասարում
Facteur	Գործոն
Faux	Կեղծ
Formule	Բանաձեւը
Fraction	Մաս
Graphique	Գրաֆիկ
Infini	Անսահման
Linéaire	Գծային
Matrice	Մատրիցա
Nombre	Թիվ
Parenthèse	Փակագիծ
Problème	Խնդիր
Quantité	Քանակ
Simplifier	Պարզեցնել
Solution	Լուծում
Soustraction	Հանում
Variable	Փոփոխական
Zéro	Զրո

Animaux de Compagnie

Կենդանիներ

Chat	Կատու
Chèvre	Այծի
Chien	Շուն
Chiot	Լակոտ
Collier	Մանյակ
Eau	Ջուր
Griffes	Ճանկեր
Hamster	Համստեր
Lapin	Ճագար
Lézard	Մողես
Nourriture	Սնունդ
Perroquet	Թութակ
Poisson	Ձուկ
Queue	Պոչ
Souris	Մուկ
Tortue	Կրիա
Vache	Կով
Vétérinaire	Անասնաբույժ

Antarctique

Անտարկտիկա

Baie	Բայ
Baleines	Կետեր
Chercheur	Հետազոտող
Conservation	Պահպանում
Continent	Աշխարհամաս
Eau	Ջուր
Espèce	Տեսակներ
Expédition	Արշավախմբի
Glace	Սառույց
Glaciers	Սառցադաշտեր
Îles	Կղզիներ
Migration	Միգրացիայի
Minéraux	Հանքային
Nuage	Ամպեր
Oiseaux	Թռչուններ
Péninsule	Թերակղզի
Rocheux	Ժայռոտ
Scientifique	Գիտական
Température	Ջերմաստիճանը
Topographie	Տեղագրություն

Antiquités

Հնաոճ Իրեր

Art	Արվեստ
Authentique	Վավերական
Bijoux	Զարդեր
Décoratif	Դեկորատիվ
Enchères	Աճուրդ
Élégant	Էլեգանտ
Galerie	Պատկերասրահ
Inhabituel	Անսովոր
Investissement	Ներդրումներ
Meubles	Կահույք
Peintures	Նկարներ
Pièces	Մետաղադրամներ
Prix	Գին
Qualité	Որակ
Restauration	Վերականգնում
Sculpture	Քանդակ
Siècle	Դար
Style	Ոճ
Valeur	Արժեք
Vieux	Հին

Archéologie

Հնագիտություն

Ancien	Հին
Années	Տարիներ
Antiquité	Հնություն
Chercheur	Հետազոտող
Descendant	Ժառանգ
Expert	Փորձագետ
Ère	Դարաշրջան
Équipe	Թիմ
Évaluation	Գնահատում
Fossile	Հանածո
Fragments	Ֆրագմենտներ
Inconnu	Անհայտ
Mystère	Առեղծված
Objets	Օբյեկտների
Os	Ոսկորներ
Oublié	Մոռացված
Professeur	Պրոֆեսոր
Relique	Մասունք
Temple	Տաճար
Tombe	Գերեզման

Art

Արվեստ

Céramique	Կերամիկական
Complexe	Համալիր
Composition	Կազմը
Créer	Ստեղծել
Expression	Էքսպրեսիոն
Honnête	Ազնիվ
Inspiré	Ոգեշնչված
Original	Օրիգինալ
Peintures	Նկարներ
Personnel	Անձնական
Poésie	Պոեզիա
Sculpture	Քանդակ
Simple	Պարզ
Sujet	Առարկա
Surréalisme	Սյուրռեալիզմ
Symbole	Խորհրդանիշ
Visuel	Տեսողական

Arts Visuels

Տեսողական Արվեստ

Argile	Կավ
Artiste	Նկարիչ
Céramique	Կերամիկա
Charbon	Փայտածուխ
Chef-D'Œuvre	Գլուխգործոց
Chevalet	Պատկեր
Cire	Մոմ
Composition	Կազմը
Craie	Կավիճ
Crayon	Մատիտ
Film	Ֆիլմ
Peinture	Նկար
Perspective	Հեռանկար
Photographie	Լուսանկար
Pochoir	Շաբլոն
Portrait	Դիմանկար
Sculpture	Քանդակ
Stylo	Գրիչ
Vernis	Լաք

Astronomie

Աստղագիտություն

Astéroïde	Աստերոիդ
Astronaute	Տիեզերագետ
Astronome	Աստղագետ
Ciel	Երկինք
Éclipse	Խավարում
Équinoxe	Էքվինոքս
Fusée	Հրթիռ
Galaxie	Գալաքսիա
Lune	Լուսին
Météore	Մետեոր
Nébuleuse	Նեբուլա
Observatoire	Աստղադիտարան
Planète	Մոլորակ
Radiation	Ճառագայթում
Satellite	Արբանյակային
Solaire	Արեւային
Supernova	Սուպերնովա
Terre	Երկիր
Télescope	Հեռադիտակ
Univers	Տիեզերք

Avions

Ինքնաթիռներ

Air	Օդ
Atmosphère	Մթնոլորտ
Atterrissage	Տնկում
Aventure	Արկած
Ballon	Փուչիկ
Carburant	Վառելիք
Ciel	Երկինք
Construction	Շինարարական
Descente	Ծագում
Direction	Ուղղություն
Équipage	Անձնակազմ
Gonfler	Փչել
Hauteur	Բարձրությունը
Hélices	Շարժիչներ
Histoire	Պատմություն
Hydrogène	Ջրածին
Moteur	Շարժիչ
Passager	Անցորդ
Pilote	Օդաչու
Turbulence	Անհանգիստ

Ballet

Բալետ

Artistique	Գեղարվեստական
Ballerine	Բալերինա
Chorégraphie	Խորեոգրաֆիա
Compétence	Հմտություն
Compositeur	Կոմպոզիտոր
Danseurs	Պարողներ
Expressif	Արտահայտիչ
Geste	Ժեստ
Intensité	Ինտենսիվացնել
Muscles	Մկաններ
Musique	Երաժշտություն
Orchestre	Նվագախումբ
Pratique	Պրակտիկա
Public	Լսարան
Répétition	Փորձ
Rythme	Ռիթմ
Solo	Սոլո
Style	Ոճ
Technique	Տեխնիկա

Barbecues

Խորոված

Chaud	Տաք
Couteaux	Դանակներ
Déjeuner	Ճաշ
Dîner	Ընթրիք
Enfants	Երեխաներ
Été	Ամառ
Faim	Սով
Famille	Ընտանիք
Fruit	Մրգեր
Gril	Գրիլ
Jeux	Խաղեր
Légumes	Բանջարեղեն
Musique	Երաժշտություն
Oignons	Սոխ
Poivre	Պղպեղ
Poulet	Հավ
Salades	Աղցաններ
Sauce	Սոուս
Sel	Աղ
Tomates	Լոլիկ

Bateaux

Նավակներ

Ancre	Խարիսխ
Bouée	Բույ
Canoë	Նավակ
Corde	Պարան
Équipage	Անձնակազմ
Ferry	Լաստանավ
Fleuve	Գետ
Kayak	Կայակ
Lac	Լիճ
Marée	Ալիքը
Marin	Նավաստի
Mât	Կայմ
Mer	Ծով
Moteur	Շարժիչ
Nautique	Ծովային
Océan	Օվկիանոս
Vagues	Ալիքներ
Voilier	Սայլբոատ
Yacht	Զբոսանավ

Bâtiments

Շենքեր

Ambassade	Դեսպանություն
Appartement	Բնակարան
Cabine	Տնակում
Château	Ամրոց
Cinéma	Կինո
École	Դպրոց
Garage	Ավտոտնակ
Grange	Գոմ
Hôpital	Հիվանդանոց
Hôtel	Հյուրանոց
Laboratoire	Լաբորատորիա
Musée	Թանգարան
Observatoire	Աստղադիտարան
Stade	Մարզադաշտ
Supermarché	Սուպերմարկետ
Tente	Վրան
Théâtre	Թատրոն
Tour	Աշտարակ
Université	Համալսարան
Usine	Գործարան

Beauté

Գեղեցկություն

Boucles	Գանգուրներ
Charme	Հմայքը
Ciseaux	Մկրատ
Cosmétique	Կոսմետիկա
Couleur	Գույն
Élégance	Շքեղություն
Élégant	Էլեգանտ
Grâce	Շնորհ
Huiles	Յուղեր
Lisse	Հարթ
Maquillage	Դիմահարդարում
Miroir	Հայելի
Parfum	Բուրմունք
Peau	Կաշի
Photogénique	Ֆոտոգենիկ
Shampooing	Շամպուն
Styliste	Ստիլիստ

Boxe

Բռնցքամարտի

Adversaire	Հակառակորդ
Arbitre	Դատավոր
Cloche	Զանգ
Coin	Անկյուն
Combattant	Մարտիկ
Compétence	Հմտություն
Concentrer	Ֆոկուս
Cordes	Պարաններ
Corps	Մարմին
Épuisé	Սպառված
Force	Ուժ
Gants	Ձեռնոցներ
Menton	Կզակ
Poing	Բռունցք
Points	Միավոր
Rapide	Արագ
Récupération	Վերականգնում

Café

Սուրճ

Amer	Դառը
Arôme	Բուրմունք
Boire	Խմել
Boisson	Ըմպելիք
Caféine	Կոֆեին
Crème	Կրեմ
Eau	Ջուր
Filtre	Ֆիլտր
Lait	Կաթ
Liquide	Հեղուկ
Matin	Առավոտ
Moudre	Ծամել
Noir	Սեւ
Origine	Ծագում
Prix	Գին
Saveur	Համը
Sucre	Շաքար
Tasse	Գավաթ

Camping

Արշավ

Amusement	Ժամանց
Animaux	Կենդանիներ
Arbres	Ծառեր
Aventure	Արկած
Boussole	Կողմնացույց
Cabine	Տնակում
Canoë	Նավակ
Carte	Քարտեզ
Chapeau	Գլխարկ
Chasse	Որս
Corde	Պարան
Feu	Կրակ
Forêt	Անտառ
Insecte	Միջատ
Lac	Լիճ
Lune	Լուսին
Montagne	Լեռ
Nature	Բնություն
Tente	Վրան

Championnat

Առաջնություն

Champion	Չեմպիոն
Championnat	Առաջնություն
Endurance	Տոկունություն
Entraîneur	Մարզիչ
Équipe	Թիմ
Finaliste	Եզրափակիչ
Jeux	Խաղեր
Juge	Դատավոր
Ligue	Լիգա
Médaille	Մեդալ
Motivation	Մոտիվացիա
Performance	Ներկայացում
Respirer	Շնչել
Sports	Սպորտ
Tournoi	Մրցաշար
Transpiration	Քրտինք
Victoire	Հաղթանակ

Chimie

Քիմիա

Acide	Թթու
Alcalin	Ալկալային
Atomique	Ատոմային
Carbone	Ածխածին
Catalyseur	Կատալիզատոր
Chaleur	Շոգ
Chlore	Քլոր
Enzyme	Ֆերմենտ
Électron	Էլեկտրոն
Gaz	Գազ
Hydrogène	Ջրածին
Ion	Իոն
Liquide	Հեղուկ
Métaux	Մետաղներ
Molécule	Մոլեկուլ
Nucléaire	Միջուկային
Oxygène	Թթվածին
Poids	Քաշը
Sel	Աղ
Température	Ջերմաստիճանը

Chocolat

Շոկոլադ

Amer	Դառը
Antioxydant	Հակաքսիդանտ
Arôme	Բուրմունք
Cacao	Կակաո
Calories	Կալորիաներ
Caramel	Կարամել
Délicieux	Համեղ
Doux	Քաղցր
Exotique	Էկզոտիկ
Favori	Սիրած
Goût	Համ
Ingrédient	Բաղադրիչ
Noix de Coco	Կոկոս
Poudre	Փոշի
Qualité	Որակ
Recette	Բաղադրատոմսը
Saveur	Համը
Sucre	Շաքար

Cirque

Կրկես

Acrobate	Ակրոբատ
Animaux	Կենդանիներ
Astuce	Հնարք
Ballons	Փուչիկներ
Billet	Տոմս
Clown	Ծաղրածու
Costume	Կոստյում
Éléphant	Փիղ
Jongleur	Ջոնգլեր
Lion	Առյուծ
Magicien	Կախարդ
Magie	Կախարդական
Montrer	Շոու
Musique	Երաժշտություն
Parade	Շքերթ
Singe	Կապիկ
Spectateur	Հանդիսատես
Tente	Վրան
Tigre	Վագր

Conduite

Վարորդական

Accident	Վթար
Bus	Ավտոբուս
Camion	Բեռնատար
Carburant	Վառելիք
Carte	Քարտեզ
Danger	Վտանգ
Freins	Արգելակներ
Garage	Ավտոտնակ
Gaz	Գազ
Licence	Լիցենզիա
Moteur	Մոտոր
Moto	Մոտոցիկլ
Piéton	Հետիոտնային
Route	Ճանապարհ
Rue	Փողոց
Trafic	Շարժում
Transport	Փոխադրում
Tunnel	Թունել
Vitesse	Արագություն
Voiture	Մեքենա

Corps Humain

Մարդու Մարմին

Bouche	Բերան
Cerveau	Ուղեղ
Cheville	Կոճ
Cou	Պարանոց
Coude	Անկյուն
Cœur	Սիրտ
Doigt	Մատ
Estomac	Ստամոքսի
Épaule	Ուս
Genou	Ծնկի
Lèvres	Շրթներկ
Main	Ձեռք
Mâchoire	Ծնոտ
Menton	Կզակ
Nez	Քիթ
Oreille	Ականջ
Peau	Կաշի
Sang	Արյան
Tête	Գլուխ
Visage	Դեմք

Créativité

Ստեղծագործական

Artistique	Գեղարվեստական
Authenticité	Իսկությունը
Clarté	Պարզություն
Compétence	Հմտություն
Dramatique	Դրամատիկ
Expression	Էքսպրեսիոն
Idées	Գաղափարներ
Image	Պատկեր
Impression	Տպավորություն
Inspiration	Ոգեշնչում
Intensité	Ինտենսիվացնել
Intuition	Ինտուիցիա
Inventif	Հնարամիտ
Sensation	Սենսացիա
Sentiments	Զգացմունքներ
Spontané	Ինքնաբուխ
Visions	Տեսիլքներ

Danse

Պար

Académie	Ակադեմիա
Art	Արվեստ
Chorégraphie	Խորեոգրաֆիա
Classique	Դասական
Corps	Մարմին
Culture	Մշակույթ
Culturel	Մշակութային
Expressif	Արտահայտիչ
Émotion	Զգացմունք
Grâce	Շնորհ
Joyeux	Ուրախ
Mouvement	Շարժում
Musique	Երաժշտություն
Partenaire	Գործընկեր
Répétition	Փորձ
Rythme	Ռիթմ
Saut	Ցատկել
Traditionnel	Ավանդական
Visuel	Տեսողական

Diplomatie

Դիվանագիտություն

Allié	Դաշնակից
Ambassade	Դեսպանություն
Ambassadeur	Դեսպան
Citoyens	Քաղաքացիներ
Civique	Քաղաքացիական
Communauté	Համայնք
Conflit	Կոնֆլիկտ
Conseiller	Խորհրդական
Diplomatique	Դիվանագիտական
Discussion	Քննարկում
Éthique	Էթիկա
Étranger	Օտար
Humanitaire	Հումանիտար
Justice	Արդարություն
Langues	Լեզուներ
Résolution	Բանաձեւը
Solution	Լուծում
Traité	Պայմանագիրը

Eau

Ջուր

Douche	Ցնցուղ
Évaporation	Գոլորշիացում
Fleuve	Գետ
Gel	Սառնամանիք
Geyser	Գեյզեր
Glace	Սառույց
Humidité	Խոնավություն
Humidité	Խոնավություն
Inondation	Ջրհեղեղ
Irrigation	Ոռոգում
Lac	Լիճ
Mousson	Մուսոն
Neige	Ձյուն
Océan	Օվկիանոս
Ouragan	Փոթորիկ
Pluie	Անձրեւ
Vagues	Ալիքներ
Vapeur	Ձույզ

Entreprise

Բիզնես

Argent	Փող
Boutique	Խանութ
Budget	Բյուջե
Bureau	Գրասենյակ
Carrière	Կարիերա
Coût	Արժեք
Devise	Արժույթ
Employeur	Գործատու
Employé	Աշխատակից
Entreprise	Ընկերություն
Finance	Ֆինանսներ
Impôts	Հարկեր
Investissement	Ներդրումներ
Marchandise	Ապրանք
Profit	Շահույթ
Revenu	Եկամուտ
Réduction	Զեղչ
Transaction	Գործարք
Usine	Գործարան
Vente	Վաճառք

Échecs

Շախմատ

Adversaire	Հակառակորդ
Apprendre	Սովորել
Blanc	Սպիտակ
Champion	Չեմպիոն
Concours	Մրցույթ
Intelligent	Խելացի
Jeu	Խաղ
Joueur	Խաղացող
Noir	Սեւ
Passif	Պասիվ
Points	Միավոր
Reine	Թագուհի
Règles	Կանոններ
Roi	Թագավորը
Sacrifice	Սողուն
Temps	Ժամանակ
Tournoi	Մրցաշար

Écologie

Էկոլոգիա

Bénévoles	Կամավորներ
Climat	Կլիմա
Communautés	Համայնքներ
Durable	Կայուն
Espèce	Տեսակներ
Faune	Ֆաունա
Flore	Ֆլորա
Global	Գլոբալ
Marais	Ճահիճ
Marin	Ծովային
Montagnes	Լեռներ
Nature	Բնություն
Naturel	Բնական
Plantes	Բույսեր
Ressources	Ռեսուրսներ
Sécheresse	Երաշտ
Survie	Գոյատեւում

Émotions

Զգացմունքներ

Amour	Սեր
Calme	Հանգիստ
Colère	Զայրույթ
Ennui	Ձանձրույթ
Excité	Հուզված
Gentillesse	Բարություն
Joie	Ուրախություն
Paix	Խաղաղություն
Peur	Վախ
Reconnaissant	Շնորհակալ
Relief	Օգնություն
Satisfait	Բավարարված
Surprise	Անակնկալ
Sympathie	Համակրանք
Tendresse	Քնքշություն
Tranquillité	Հանգստություն
Tristesse	Տխրություն

Énergie

Էներգիա

Batterie	Մարտկոց
Carbone	Ածխածին
Carburant	Վառելիք
Chaleur	Շոգ
Diesel	Դիզել
Entropie	Էնտրոպիա
Essence	Բենզին
Électrique	Էլեկտրական
Électron	Էլեկտրոն
Hydrogène	Ջրածին
Moteur	Մոտոր
Nucléaire	Միջուկային
Photon	Ֆոտոն
Renouvelable	Վերականգնվող
Soleil	Արեւ
Thermique	Ջերմային
Turbine	Տուրբին
Vapeur	Զույգ
Vent	Քամի

Épices

Համեմունքներ

Aigre	Թթու
Ail	Սխտոր
Amer	Դառը
Anis	Անիս
Cannelle	Դարչին
Cardamome	Հիլ
Coriandre	Համեմ
Cumin	Չաման
Curry	Կարրի
Fenouil	Սամիթ
Fenugrec	Ֆենուգրեկ
Gingembre	Կոճապղպեղ
Muscade	Մշկընկույզ
Oignon	Սոխ
Paprika	Պապրիկա
Poivre	Պղպեղ
Safran	Զաֆրան
Saveur	Համը
Sel	Աղ
Vanille	Վանիլային

Famille

Ընտանեկան

Ancêtre	Նախահայր
Cousin	Զարմիկ
Enfance	Մանկություն
Enfant	Երեխա
Enfants	Երեխաներ
Femme	Կինը
Fille	Դուստր
Frère	Եղբայր
Grand-Mère	Տատիկ
Grand-Père	Պապիկ
Mari	Ամուսին
Maternel	Մայրական
Mère	Մայր
Neveu	Եղբորորդին
Nièce	Հետազգուրս
Oncle	Հորեղբայր
Paternel	Հայրական
Père	Հայր
Soeur	Քույր
Tante	Աունտ

Ferme #1

Ֆերմա #1

Abeille	Մեղու
Âne	Էշ
Bison	Բիզոն
Champ	Դաշտ
Chat	Կատու
Cheval	Ձի
Chèvre	Այծի
Chien	Շուն
Clôture	Ցանկապատի
Cochon	Խոզ
Corbeau	Ագռավ
Eau	Ջուր
Engrais	Պարարտանյութ
Foin	Հայ
Miel	Մեղր
Poulet	Հավ
Riz	Բրինձ
Troupeau	Հոտ
Vache	Կով
Veau	Հորթ

Ferme #2

Ֆերմա #2

Agneau	Գառ
Agriculteur	Ֆերմեր
Animaux	Կենդանիներ
Berger	Հովիվ
Blé	Ցորեն
Canard	Բադ
Fruit	Մրգեր
Grange	Գոմ
Irrigation	Ոռոգում
Lait	Կաթ
Lama	Լամա
Légume	Բուսական
Maïs	Եգիպտացորեն
Mouton	Ոչխար
Nourriture	Սնունդ
Orge	Գարի
Pré	Մարգագետին
Ruche	Փեթակ
Tracteur	Տրակտոր
Verger	Պտղատու Այգի

Force et Gravité

Ուժ եւ Ծանրություն

Accélérer	Արագացնել
Axe	Առանցք
Centre	Կենտրոն
Découverte	Բացում
Dynamique	Դինամիկ
Expansion	Ընդլայնում
Impact	Ազդեցություն
Magnétisme	Մագնետիզմ
Mécanique	Մեխանիկա
Mouvement	Շարժում
Orbite	Ուղեծիր
Physique	Ֆիզիկա
Planètes	Մոլորակներ
Poids	Քաշը
Pression	Ճնշում
Temps	Ժամանակ
Universel	Ունիվերսալ
Vitesse	Արագություն

Forêt Tropicale

Արեւադարձային Անտառ

Botanique	Բուսանիկական
Climat	Կլիմա
Communauté	Համայնք
Espèce	Տեսակներ
Indigène	Բնիկ
Insectes	Միջատներ
Jungle	Ջունգլի
Mammifères	Կաթնասուններ
Mousse	Մամուռ
Nature	Բնություն
Nuage	Ամպեր
Oiseaux	Թռչուններ
Précieux	Արժեքավոր
Préservation	Պահպանում
Refuge	Ապաստան
Respect	Հարգանք
Restauration	Վերականգնում
Survie	Գոյատեւում

Formes

Ձեւավորում

Arc	Աղեղ
Bords	Եզրեր
Carré	Քառակուսի
Cercle	Ցլիկ
Coin	Անկյուն
Courbe	Կոր
Cône	Կոն
Côté	Կողմ
Cube	Խորանարդ
Cylindre	Գլան
Ellipse	Էլիպս
Hyperbole	Հիպերբոլա
Ligne	Գիծ
Ovale	Օվալ
Polygone	Պոլիգոն
Prisme	Պրիզմա
Pyramide	Բուրգ
Rectangle	Ուղղանկյունի
Sphère	Ոլորտ
Triangle	Եռանկյունի

Fournitures d'Art

Արվեստի Պարագաներ

Acrylique	Ակրիլ
Aquarelles	Ջրաներկ
Argile	Կավ
Caméra	Տեսախցիկ
Chaise	Աթոռ
Chevalet	Պատկեր
Colle	Սոսինձ
Couleurs	Գույներ
Crayons	Մատիտներ
Eau	Ջուր
Encre	Թանաք
Gomme	Ռետին
Huile	Յուղ
Idées	Գաղափարներ
Papier	Թուղթ
Peinture	Ներկեր
Table	Սեղան

Fruit

Մրգեր

Abricot	Ծիրան
Ananas	Արքայախնձոր
Avocat	Ավոկադո
Baie	Հատապտուղ
Banane	Բանան
Cerise	Բալ
Citron	Կիտրոն
Figue	Թուզ
Framboise	Ազնվամորի
Goyave	Գուավա
Kiwi	Կիվի
Mangue	Մանգո
Melon	Սեխ
Nectarine	Նեկտարին
Orange	Նարնջագույն
Papaye	Պապայա
Pêche	Դեղձ
Poire	Տանձ
Pomme	Խնձոր
Raisin	Խաղող

Géographie

Աշխարհագրություն

Altitude	Բարձրությունը
Atlas	Ատլաս
Carte	Քարտեզ
Continent	Աշխարհամաս
Fleuve	Գետ
Hémisphère	Կիսագունդ
Île	Կղզի
Latitude	Լայնություն
Mer	Ծով
Méridien	Մերիդիան
Monde	Աշխարհ
Montagne	Լեռ
Nord	Հյուսիս
Océan	Օվկիանոս
Ouest	Արեւմուտք
Pays	Երկիր
Région	Տարածաշրջան
Sud	Հարավ
Territoire	Տարածք
Ville	Քաղաք

Géologie

Երկրաբանություն

Acide	Թթու
Calcium	Կալցիում
Caverne	Քարանձավի
Continent	Աշխարհամաս
Corail	Կորալ
Couche	Շերտ
Cristaux	Բյուրեղներ
Érosion	Էրոզիա
Fondu	Հալած
Fossile	Հանածո
Geyser	Գեյզեր
Lave	Լավա
Minéraux	Հանքային
Pierre	Քար
Plateau	Սարահարթ
Quartz	Որձաքար
Sel	Աղ
Stalactite	Ստալակտիտ
Volcan	Հրաբուխ
Zone	Գոտի

Géométrie

Երկրաչափություն

Angle	Անկյուն
Calcul	Հաշվարկ
Carré	Քառակուսի
Cercle	Ցլիկ
Courbe	Կոր
Diamètre	Տրամագիծ
Dimension	Չափը
Équation	Հավասարում
Hauteur	Բարձրությունը
Horizontal	Հորիզոնական
Lignes	Գծեր
Masse	Քաշը
Médian	Միջին
Nombre	Թիվ
Parallèle	Զուգահեռ
Segment	Հատված
Symétrie	Սիմետրիա
Théorie	Տեսություն
Triangle	Եռանկյունի
Vertical	Ուղղահայաց

Gouvernement

Կառավարություն

Civil	Քաղաքացիական
Discours	Խոսք
Discussion	Քննարկում
District	Շրջան
Droits	Իրավունքներ
État	Պետություն
Indépendance	Անկախություն
Judiciaire	Դատական
Justice	Արդարություն
Leader	Առաջնորդ
Liberté	Ազատություն
Loi	Օրենք
Monument	Հուշարձան
Nation	Ազգ
National	Ազգային
Paisible	Խաղաղ
Symbole	Խորհրդանիշ

Herboristerie

Բուսաբուժություն

Ail	Սխտոր
Aromatique	Անուշաբույր
Basilic	Ռեհան
Bénéfique	Շահավետ
Culinaire	Խոհարարական
Estragon	Թարգուն
Fenouil	Սամիթ
Fleur	Ծաղիկ
Ingrédient	Բաղադրիչ
Jardin	Այգի
Lavande	Նարդոս
Marjolaine	Մարջորամ
Menthe	Անանուխ
Persil	Մաղադանոս
Qualité	Որակ
Romarin	Ռոզմարի
Safran	Զաֆրան
Saveur	Համը
Thym	Ուրց
Vert	Կանաչ

Ingénierie

Ճարտարագիտություն

Angle	Անկյուն
Axe	Առանցք
Calcul	Հաշվարկ
Construction	Շինարարական
Diagramme	Դիագրամ
Diamètre	Տրամագիծ
Diesel	Դիզել
Dimensions	Չափերը
Distribution	Բաշխում
Énergie	Էներգիա
Force	Ուժ
Leviers	Լծակներ
Liquide	Հեղուկ
Machine	Մեքենա
Mesure	Չափում
Moteur	Մոտոր
Profondeur	Խորություն
Propulsion	Շարժում
Stabilité	Կայունություն
Structure	Կառուցվածք

Instruments de Musique

Երաժշտական Գործիքներ

Banjo	Բանջո
Basson	Ֆասոն
Clarinette	Կլարնետ
Flûte	Ֆլեյտա
Gong	Գոնգ
Guitare	Կիթառ
Harpe	Տավիղ
Hautbois	Օբոե
Mandoline	Մանդոլին
Marimba	Մարիմբա
Piano	Դաշնամուր
Saxophone	Սաքսոֆոն
Tambour	Թմբուկ
Tambourin	Բուբեն
Trombone	Տրոմբոն
Trompette	Շեփոր
Violon	Ջութակ
Violoncelle	Թավջութակ

Jardinage

Այգեգործություն

Botanique	Բուսանիկական
Bouquet	Փունջ
Climat	Կլիմա
Comestible	Ուտելի
Compost	Պարարտություն
Eau	Ջուր
Espèce	Տեսակներ
Exotique	Էկզոտիկ
Feuillage	Սաղարթ
Feuille	Տերեւ
Graines	Սերմեր
Humidité	Խոնավություն
Récipient	Կոնտեյներ
Saisonnier	Սեզոնային
Saleté	Կեղտ
Sol	Հող
Tuyau	Գուլպաներ
Verger	Պտղատու Այգի

Jazz

Ջազ

Album	Ալբոմ
Artiste	Նկարիչ
Célèbre	Հայտնի
Chanson	Երգ
Compositeur	Կոմպոզիտոր
Composition	Կազմը
Concert	Համերգ
Favoris	Էջանշան
Genre	Ժանր
Improvisation	Իմպրովիզացիա
Influences	Ազդեցություն
Musique	Երաժշտություն
Nouveau	Նոր
Orchestre	Նվագախումբ
Rythme	Ռիթմ
Solo	Սոլո
Style	Ոճ
Talent	Տաղանդ
Technique	Տեխնիկա
Vieux	Հին

Jours et Mois

Օրեր և Ամիսներ

Août	Օգոստոս
Avril	Ապրիլ
Calendrier	Օրացույց
Décembre	Դեկտեմբեր
Dimanche	Կիրակի
Février	Փետրվար
Janvier	Հունվար
Jeudi	Հինգշաբթի
Juillet	Հուլիս
Juin	Հունիս
Lundi	Երկուշաբթի
Mardi	Երեքշաբթի
Mars	Մարտ
Mercredi	Չորեքշաբթի
Mois	Ամիս
Novembre	Նոյեմբեր
Octobre	Հոկտեմբեր
Samedi	Շաբաթ
Septembre	Սեպտեմբեր
Vendredi	Ուրբաթ

Les Abeilles

Մեղուները

Ailes	Թեւեր
Bénéfique	Շահավետ
Cire	Մոմ
Essaim	Երթ
Écosystème	Էկոհամակարգ
Fleurs	Ծաղիկներ
Fruit	Մրգեր
Fumée	Ծուխ
Insecte	Միջատ
Jardin	Այգի
Miel	Մեղր
Nourriture	Սնունդ
Plantes	Բույսեր
Pollen	Պոլեն
Pollinisateur	Փոփոխող
Reine	Թագուհի
Ruche	Փեթակ
Soleil	Արեւ

Les Médias

Զլմ-Ները

Attitudes	Վերաբերմունքը
Commercial	Առեւտրային
Communication	Կապ
En Ligne	Առցանց
Éducation	Կրթություն
Faits	Փաստեր
Financement	Ֆինանսավորում
Images	Պատկերներ
Individuel	Անհատական
Intellectuel	Խելացի
Journaux	Թերթեր
Local	Տեղական
Magazines	Ամսագրեր
Numérique	Թվային
Opinion	Կարծիք
Public	Հասարակական
Radio	Ռադիո
Réseau	Ցանց

Légumes

Բանջարեղեն

Ail	Սխտոր
Artichaut	Արտիճուկ
Aubergine	Սմբուկ
Brocoli	Բրոկկոլի
Carotte	Գազար
Céleri	Նեխուր
Champignon	Սունկ
Citrouille	Դդում
Concombre	Վարունգ
Échalote	Շալոտ
Épinard	Սպանախ
Gingembre	Կոճապղպեղ
Navet	Շաղգամ
Oignon	Սոխ
Olive	Ձիթապտուղ
Persil	Մաղադանոս
Pois	Սիսեռ
Radis	Բողկ
Salade	Աղցան
Tomate	Լոլիկ

Livres

Գրքեր

Auteur	Հեղինակ
Aventure	Արկած
Collection	Հավաքածու
Contexte	Համատեքստ
Écrit	Գրված
Histoire	Պատմություն
Historique	Պատմական
Humoristique	Հումորային
Immersion	Ընկղմում
Inventif	Հնարամիտ
Lecteur	Ընթերցող
Littéraire	Գրական
Mots	Բառեր
Narrateur	Պատմող
Page	Էջ
Pertinent	Համապատասխան
Poésie	Պոեզիա
Roman	Վեպ
Série	Սերիա
Tragique	Ողբերգական

Maison

Տուն

Balai	Ցախավել
Bibliothèque	Գրադարան
Chambre	Սենյակ
Cheminée	Բուխարի
Clés	Բանալիները
Clôture	Ցանկապատի
Cuisine	Խոհանոց
Douche	Ցնցուղ
Fenêtre	Պատուհան
Garage	Ավտոտնակ
Grenier	Ձեռնարկ
Jardin	Այգի
Lampe	Լամպ
Miroir	Հայելի
Mur	Պատ
Plafond	Առաստաղ
Porte	Դուռ
Rideaux	Վարագույրներ
Tapis	Գորգ
Toit	Տանիք

Mammifères

Կաթնասուններ

Baleine	Կետ
Chat	Կատու
Cheval	Ձի
Chien	Շուն
Coyote	Կոյոտ
Dauphin	Դելֆին
Éléphant	Փիղ
Girafe	Ընձուղտ
Gorille	Գորիլա
Kangourou	Կենգուրու
Lapin	Ճագար
Lion	Առյուծ
Loup	Գայլ
Mouton	Ոչխար
Ours	Արջ
Renard	Աղվես
Singe	Կապիկ
Taureau	Ցուլ
Tigre	Վագր
Zèbre	Զեբրա

Mathématiques

Մաթեմատիկա

Angles	Անկյուններ
Arithmétique	Թվաբանություն
Carré	Քառակուսի
Circonférence	Շրջապատ
Degrés	Աստիճաններ
Décimal	Տասնորդական
Diamètre	Տրամագիծ
Exposant	Էքսպոնենտ
Équation	Հավասարում
Fraction	Մաս
Nombres	Թվեր
Parallèle	Զուգահեռ
Périmètre	Պրիմետր
Polygone	Պոլիգոն
Rectangle	Ուղղանկյունի
Somme	Գումար
Sphère	Ոլորտ
Symétrie	Սիմետրիա
Triangle	Եռանկյունի
Volume	Ծավալը

Mesures
Չափումներ

Centimètre	Սանտիմետր
Degré	Աստիճան
Décimal	Տասնորդական
Gramme	Գրամ
Hauteur	Բարձրությունը
Kilogramme	Կիլոգրամ
Kilomètre	Կիլոմետր
Largeur	Լայնություն
Litre	Լիտր
Longueur	Երկարություն
Mètre	Մետր
Minute	Րոպե
Octet	Բայտ
Once	Ունցիա
Poids	Քաշը
Pouce	Դյույմ
Profondeur	Խորություն
Tonne	Տոննա
Volume	Ծավալը

Méditation
Մեդիտացիա

Acceptation	Ընդունում
Apprendre	Սովորել
Attention	Ուշադրություն
Bonheur	Երջանկություն
Calme	Հանգիստ
Clarté	Պարզություն
Compassion	Կարեկցանք
Esprit	Միտք
Éveillé	Ցնդած
Gentillesse	Բարություն
Mental	Մտավոր
Mouvement	Շարժում
Musique	Երաժշտություն
Nature	Բնություն
Observation	Դիտարկում
Paix	Խաղաղություն
Pensées	Մտքերը
Perspective	Հեռանկար
Respiration	Շնչառություն
Silence	Լռություն

Météo
Եղանակ

Arc-En-Ciel	Ծիածան
Atmosphère	Մթնոլորտ
Brise	Զեփյուռ
Brouillard	Մառախուղ
Calme	Հանգիստ
Ciel	Երկինք
Climat	Կլիմա
Glace	Սառույց
Inondation	Ջրհեղեղ
Mousson	Մուսոն
Nuage	Ամպ
Polaire	Բևեռային
Sec	Չոր
Sécheresse	Երաշտ
Température	Ջերմաստիճանը
Tempête	Փոթորիկ
Tonnerre	Որոտ
Tornade	Տարափ
Tropical	Արևադարձային
Vent	Քամի

Mode
Նորաձևություն

Abordable	Մատչելի
Boutique	Բուտիկ
Boutons	Կոճակներ
Cher	Թանկ
Confortable	Հարմարավետ
Dentelle	Ժանյակ
Élégant	Էլեգանտ
Mesures	Չափումներ
Minimaliste	Մինիմալիստ
Moderne	Ժամանակակից
Modeste	Համեստ
Original	Օրիգինալ
Pratique	Գործնական
Simple	Պարզ
Style	Ոճ
Tendance	Թրենդ
Texture	Հյուսվածք
Tissu	Գործվածք
Vêtements	Հագուստ

Musique
Երաժշտություն

Album	Ալբոմ
Ballade	Բալլադ
Chanter	Երգել
Chanteur	Երգիչ
Chœur	Երգչախումբ
Classique	Դասական
Éclectique	Ընտրողական
Harmonique	Ներդաշնակ
Instrument	Գործիք
Lyrique	Քնարական
Mélodie	Մեղեդի
Microphone	Միկրոֆոն
Musical	Երաժշտական
Musicien	Երաժիշտ
Opéra	Օպերա
Poétique	Բանաստեղծական
Rythme	Ռիթմ
Rythmique	Ռիթմիկ
Tempo	Տեմպ
Vocal	Վոկալ

Mythologie
Առասպելաբանություն

Archétype	Արքետիպ
Catastrophe	Աղետ
Comportement	Վարքագիծ
Création	Ստեղծում
Créature	Արարած
Culture	Մշակույթ
Éclair	Կայծակ
Force	Ուժ
Guerrier	Ռազմիկ
Héros	Հերոս
Immortalité	Անմահություն
Jalousie	Խանդը
Labyrinthe	Լաբիրինթոս
Légende	Լեգենդ
Magique	Կախարդական
Monstre	Հրեշ
Mortel	Մահկանացու
Tonnerre	Որոտ
Triomphant	Հաղթական
Vengeance	Վրեժ

Nature
Բնություն

Abeilles	Մեղուներ
Animaux	Կենդանիներ
Arctique	Արկտիկա
Beauté	Գեղեցկություն
Brouillard	Մառախուղ
Désert	Անապատ
Dynamique	Դինամիկ
Érosion	Էրոզիա
Feuillage	Սաղարթ
Fleuve	Գետ
Forêt	Անտառ
Glacier	Սառցադաշտ
Montagnes	Լեռներ
Nuage	Ամպեր
Paisible	Խաղաղ
Sauvage	Վայրի
Serein	Հանգիստ
Tropical	Արևադարձային
Vital	Կենսական

Nombres
Թվերներ

Cinq	Հինգ
Deux	Երկու
Décimal	Տասնորդական
Dix	Տասը
Dix-Huit	Տասնութ
Dix-Neuf	Տասնինը
Dix-Sept	Տասնյոթ
Douze	Տասներկու
Huit	Ութ
Neuf	Ինը
Quatorze	Տասնչորս
Quatre	Չորս
Quinze	Տասնհինգ
Seize	Տասնվեց
Sept	Յոթ
Six	Վեց
Treize	Տասներեք
Trois	Երեք
Vingt	Քսան
Zéro	Զրո

Nourriture #1
Սնունդ #1

Ail	Սխտոր
Basilic	Ռեհան
Café	Սուրճ
Cannelle	Դարչին
Carotte	Գազար
Citron	Կիտրոն
Épinard	Սպանախ
Fraise	Ելակ
Jus	Հյութ
Lait	Կաթ
Navet	Շաղգամ
Oignon	Սոխ
Orge	Գարի
Poire	Տանձ
Salade	Աղցան
Sel	Աղ
Soupe	Ապուր
Sucre	Շաքար
Thon	Թունա
Viande	Միս

Nourriture #2
Սնունդ #2

Amande	Նուշ
Aubergine	Սմբուկ
Banane	Բանան
Blé	Ցորեն
Brocoli	Բրոկկոլի
Cerise	Բալ
Céleri	Նեխուր
Champignon	Սունկ
Chocolat	Շոկոլադ
Jambon	Խոզապուխտ
Kiwi	Կիվի
Mangue	Մանգո
Oeuf	Ձու
Pain	Հաց
Poisson	Ձուկ
Pomme	Խնձոր
Poulet	Հավ
Raisin	Խաղող
Riz	Բրինձ
Tomate	Լոլիկ

Nutrition
Սնուցում

Amer	Դառը
Appétit	Ախորժակ
Calories	Կալորիաներ
Comestible	Ուտելի
Diète	Դիետա
Digestion	Մարսողություն
Épices	Համեմունքներ
Fermentation	Խմորում
Glucides	Ածխաջրեր
Liquides	Հեղուկներ
Nutritif	Սննդարար
Poids	Քաշը
Protéines	Սպիտակուցներ
Qualité	Որակ
Sain	Առողջ
Santé	Առողջություն
Sauce	Սոուս
Saveur	Համը
Toxine	Տոքսին
Vitamine	Վիտամին

Océan
Օվկիանոս

Algue	Ջրիմուռներ
Anguille	Օձաձուկ
Baleine	Կետ
Bateau	Նավակ
Corail	Կորալ
Crevette	Ծովախեցգետին
Dauphin	Դելֆին
Éponge	Սպունգ
Huître	Ոստրե
Marées	Տիդես
Méduse	Մեդուզա
Poisson	Ձուկ
Poulpe	Ութոտնուկ
Requin	Շնաձ
Récif	Ռելիեֆ
Sel	Աղ
Tempête	Փոթորիկ
Thon	Թունա
Tortue	Կրիա
Vagues	Ալիքներ

Oiseaux

Թռչուններ

Aigle	Արծիվ
Autruche	Ջայլամ
Canard	Բադ
Canari	Канарейка
Cigogne	Արագիլ
Corbeau	Ագռավ
Coucou	Կկուկ
Cygne	Կարապ
Flamant	Ֆլամինգո
Héron	Հերոն
Hibou	Բու
Manchot	Պինգվին
Moineau	Ճնճղուկ
Oeuf	Ձու
Oie	Սագ
Paon	Սիրամարգ
Perroquet	Թութակ
Pélican	Հավալուսն
Pigeon	Աղավնի
Poulet	Հավ

Pays #1

Երկրներ #1

Afghanistan	Աֆղան
Allemagne	Գերմանիա
Argentine	Արգենտինա
Brésil	Բրազիլիա
Canada	Կանադա
Espagne	Իսպանիա
Équateur	Էկվադոր
Finlande	Ֆինլանդիա
Inde	Հնդկաստան
Israël	Իսրայել
Libye	Լիբիա
Mali	Մալի
Maroc	Մարոկկո
Nicaragua	Նիկարագուա
Norvège	Նորվեգիա
Panama	Պանամա
Philippines	Ֆիլիններ
Pologne	Լեհաստան
Roumanie	Ռումինիա
Venezuela	Վենեսուելա

Pays #2

Երկրներ #2

Albanie	Ալբանիա
Chine	Չինաստան
Danemark	Դանիա
France	Ֆրանսիա
Haïti	Հաիթի
Indonésie	Ինդոնեզիա
Irlande	Իռլանդիա
Jamaïque	Ջամայկա
Japon	Ճապոնիա
Kenya	Քենիա
Laos	Լաոս
Liban	Լիբանան
Mexique	Մեքսիկա
Ouganda	Ուգանդա
Pakistan	Պակիստան
Russie	Ռուսաստան
Somalie	Սոմալի
Soudan	Սուդան
Syrie	Սիրիա
Ukraine	Ուկրաինա

Paysages

Բնանկարներ

Cascade	Ջրվեժ
Colline	Բլուր
Désert	Անապատ
Estuaire	Գետաբերան
Fleuve	Գետ
Geyser	Գեյզեր
Glacier	Սառցադաշտ
Grotte	Քարանձավ
Iceberg	Այսբերգ
Île	Կղզի
Lac	Լիճ
Marais	Ճահիճ
Mer	Ծով
Montagne	Լեռ
Oasis	Օազիս
Péninsule	Թերակղզի
Plage	Լողափ
Toundra	Տունդրա
Vallée	Հովիտ
Volcan	Հրաբուխ

Photographie

Լուսանկարչություն

Cadre	Շրջանակ
Caméra	Տեսախցիկ
Composition	Կազմը
Contraste	Կոնտրաստ
Couleur	Գույն
Définition	Սահմանում
Exposition	Ցուցահանդես
Format	Ֆորմատ
Noir	Սեւ
Objet	Օբյեկտ
Obscurité	Խավարը
Ombre	Ստվերներ
Perspective	Հեռանկար
Portrait	Դիմանկար
Sujet	Առարկա
Texture	Հյուսվածք
Visuel	Տեսողական
Vue	Դիտել

Physique

Ֆիզիկա

Accélération	Արագացում
Atome	Ատոմ
Chaos	Քաոս
Chimique	Քիմիական
Densité	Խտություն
Expansion	Ընդլայնում
Expérience	Փորձ
Électron	Էլեկտրոն
Formule	Բանաձեւը
Gaz	Գազ
Magnétisme	Մագնետիզմ
Masse	Քաշը
Mécanique	Մեխանիկա
Molécule	Մոլեկուլ
Moteur	Շարժիչ
Nucléaire	Միջուկային
Particule	Մասնիկ
Universel	Ունիվերսալ
Variable	Փոփոխական
Vitesse	Արագություն

Plage

Լողափ

Bateau	Նավակ
Bleu	Կապույտ
Côte	Ափ
Crabe	Ծովախեցգետին
Île	Կղզի
Lagune	Ծովածոց
Mer	Ծով
Nager	Լողալ
Océan	Օվկիանոս
Parapluie	Հովանոց
Récif	Ռելիեֆ
Sable	Ավազ
Sandales	Սանդալներ
Serviette	Սրբիչ
Soleil	Արեւ
Vacances	Արձակուրդ
Voilier	Սայլբոատ

Plantes

Բույսեր

Arbre	Ծառ
Baie	Հատապտուղ
Bambou	Բամբոո
Buisson	Բուշ
Cactus	Կակտուս
Engrais	Պարարտանյութ
Feuillage	Սաղարթ
Feuille	Տերեւ
Fleur	Ծաղիկ
Flore	Ֆլորա
Forêt	Անտառ
Grandir	Աճել
Haricot	Լոբի
Herbe	Խոտ
Jardin	Այգի
Mousse	Մամուռ
Pétale	Թեր
Racine	Արմատ
Soleil	Արեւ
Tige	Հիմք

Professions #1

Մասնագիտություններ #1

Ambassadeur	Դեսպան
Astronome	Աստղագետ
Avocat	Փաստաբան
Banquier	Բանկեր
Bijoutier	Ոսկերիչ
Cartographe	Քարտոգրաֆ
Chasseur	Որսորդ
Danseur	Պարուհի
Entraîneur	Մարզիչ
Éditeur	Խմբագիր
Géologue	Երկրաբան
Infirmière	Բուժքույր
Médecin	Բժիշկ
Musicien	Երաժիշտ
Pianiste	Դաշնակահար
Plombier	Ջրմուղագործ
Pompier	Հրշեջ
Psychologue	Հոգեբան
Scientifique	Գիտնական
Vétérinaire	Անասնաբույժ

Professions #2

Մասնագիտություններ #2

Astronaute	Տիեզերագետ
Bibliothécaire	Գրադարանավար
Biologiste	Կենսաբան
Chercheur	Հետազոտող
Chirurgien	Վիրաբույժ
Dentiste	Ատամնաբույժ
Détective	Դետեկտիվ
Enseignant	Ուսուցիչ
Illustrateur	Նկարազրող
Ingénieur	Ինժեներ
Inventeur	Գյուտարար
Jardinier	Այգեպան
Journaliste	Լրագրող
Linguiste	Լեզվաբան
Médecin	Բժիշկ
Peintre	Նկարիչ
Philosophe	Փիլիսոփա
Photographe	Լուսանկարիչ
Pilote	Օդաչու
Zoologiste	Կենդանաբան

Psychologie

Հոգեբանություն

Clinique	Կլինիկական
Comportement	Վարքագիծ
Conflit	Կոնֆլիկտ
Ego	Էգո
Enfance	Մանկություն
Expériences	Փորձ
Évaluation	Գնահատական
Idées	Գաղափարներ
Inconscient	Անգիտակից
Influences	Ազդեցություն
Pensées	Մտքերը
Perception	Ընկալում
Problème	Խնդիր
Rendez-Vous	Նշանակում
Réalité	Իրականություն
Rêves	Երազներ
Sensation	Սենսացիա
Thérapie	Թերապիա

Randonnée

Հետիոտն

Animaux	Կենդանիներ
Bottes	Կոշիկներ
Camping	Արշավ
Carte	Քարտեզ
Climat	Կլիմա
Dangers	Վտանգներ
Eau	Ջուր
Falaise	Ժայռի
Fatigué	Հոգնած
Guides	Ուղեցույցներ
Lourd	Ծանր
Météo	Եղանակ
Montagne	Լեռ
Nature	Բնություն
Orientation	Կողմնորոշում
Parcs	Այգիներ
Pierres	Քարեր
Préparation	Պատրաստում
Sauvage	Վայրի
Soleil	Արեւ

Restaurant #2

Ռեստորան #2

Boisson	Ըմպելիք
Chaise	Աթոռ
Cuillère	Գդալ
Déjeuner	Ճաշ
Délicieux	Համեղ
Dîner	Ընթրիք
Eau	Ջուր
Épices	Համեմունքներ
Fourchette	Պատառաքաղ
Fruit	Մրգեր
Gâteau	Տորթ
Glace	Սառույց
Légumes	Բանջարեղեն
Oeuf	Ձու
Poisson	Ձուկ
Salade	Աղցան
Sel	Աղ
Serveur	Մատուցող
Soupe	Ապուր

Santé et Bien-Être #1

Առողջություն և Առողջությ

Actif	Ակտիվ
Bactéries	Բակտերիաների
Blessure	Վնասվածք
Clinique	Կլինիկա
Faim	Սով
Fracture	Կոտրվածք
Habitude	Սովորություն
Hauteur	Բարձրությունը
Hormone	Հորմոններ
Médecin	Բժիշկ
Médicament	Դեղ
Muscles	Մկաններ
Os	Ոսկորներ
Peau	Կաշի
Pharmacie	Դեղատուն
Relaxation	Թուլացում
Réflexe	Ռեֆլեքս
Thérapie	Թերապիա
Traitement	Բուժում
Virus	Վիրուս

Santé et Bien-Être #2

Առողջություն և Առողջությ

Allergie	Ալերգիա
Anatomie	Անատոմիա
Appétit	Ախորժակ
Corps	Մարմին
Déshydratation	Ջրաջրացում
Diète	Դիետա
Énergie	Էներգիա
Génétique	Գենետիկա
Hôpital	Հիվանդանոց
Hygiène	Հիգիենա
Infection	Վարակ
Maladie	Հիվանդություն
Massage	Մերսում
Nutrition	Սնուցում
Poids	Քաշը
Récupération	Վերականգնում
Sain	Առողջ
Sang	Արյան
Stress	Սթրես
Vitamine	Վիտամին

Science

Գիտություն

Atome	Ատոմ
Chimique	Քիմիական
Climat	Կլիմա
Données	Տվյալներ
Expérience	Փորձ
Évolution	Էվոլուցիա
Fait	Փաստ
Fossile	Հանածո
Hypothèse	Հիփոթեքային
Laboratoire	Լաբորատորիա
Méthode	Մեթոդ
Minéraux	Հանքային
Molécules	Մոլեկուլներ
Nature	Բնություն
Observation	Դիտարկում
Organisme	Օրգանիզմ
Particules	Մասնիկներ
Physique	Ֆիզիկա
Plantes	Բույսեր
Scientifique	Գիտնական

Science-Fiction

Գիտական Գեղարվեստական

Atomique	Ատոմային
Cinéma	Կինո
Dystopie	Դիստոպիա
Explosion	Պայթյուն
Extrême	Ծայրահեղ
Fantastique	Ֆանտաստիկ
Feu	Կրակ
Galaxie	Գալաքսիա
Illusion	Պատրանք
Imaginaire	Երևակայական
Livres	Գրքեր
Lointain	Հեռավոր
Monde	Աշխարհ
Mystérieux	Խորհրդավոր
Oracle	Օրաքլի
Planète	Մոլորակ
Robots	Ռոբոտներ
Scénario	Սցենար
Technologie	Տեխնոլոգիա
Utopie	Ուտոպիա

Sport

Սպորտ

Athlète	Մարզիկ
Cardiovasculaire	Սրտանոթային
Corps	Մարմին
Cyclisme	Հեծանվավազք
Danse	Պար
Diète	Դիետա
Endurance	Տոկունություն
Entraîneur	Մարզիչ
Force	Ուժ
Jogging	Վազք
Maximiser	Ավելիավորել
Muscles	Մկաններ
Nager	Լողալ
Nutrition	Սնուցում
Objectif	Նպատակ
Os	Ոսկորներ
Programme	Ծրագիր
Respirer	Շնչել
Santé	Առողջություն
Sports	Սպորտ

Sports
Սպորտաձեւեր

Arbitre	Դատավոր
Athlète	Մարզիկ
Base-Ball	Բեյսբոլ
Basket-Ball	Բասկետբոլ
Championnat	Առաջնություն
Entraîneur	Մարզիչ
Équipe	Թիմ
Gagnant	Հաղթող
Golf	Գոլֆ
Gymnase	Գիմնազիա
Hockey	Հոկեյ
Jeu	Խաղ
Joueur	Խաղացող
Mouvement	Շարժում
Nager	Լողալ
Stade	Մարզադաշտ
Tennis	Թենիս
Vélo	Հեծանիվ

Temps
Ժամանակ

Année	Տարի
Annuel	Տարեկան
Après	Հետո
Avant	Նախքան
Bientôt	Շուտով
Calendrier	Օրացույց
Décennie	Տասնամյակ
Futur	Ապագա
Heure	Ժամ
Hier	Երեկ
Horloge	Ժամացույց
Jour	Օր
Maintenant	Հիմա
Matin	Առավոտ
Midi	Կեսօր
Minute	Րոպե
Mois	Ամիս
Nuit	Գիշեր
Semaine	Շաբաթ
Siècle	Դար

Types de Cheveux
Մազերի Տեսակները

Argent	Արծաթ
Blanc	Սպիտակ
Blond	Շիկահեր
Boucles	Գանգուրներ
Brillant	Փայլուն
Chauve	Ճաղատ
Coloré	Գունավոր
Court	Կարճ
Doux	Փափուկ
Épais	Հաստ
Frisé	Գանգուր
Gris	Մոխրագույն
Lisse	Հարթ
Long	Երկար
Marron	Շագանակագույն
Mince	Բարակ
Noir	Սեւ
Sain	Առողջ
Sec	Չոր
Tressé	Հյուսած

Univers
Տիեզերքի

Astéroïde	Աստերոիդ
Astronome	Աստղագետ
Atmosphère	Մթնոլորտ
Céleste	Երկնային
Ciel	Երկինք
Cosmique	Տիեզերական
Équateur	Հասարակած
Galaxie	Գալաքսիա
Hémisphère	Կիսագունդ
Horizon	Հորիզոն
Latitude	Լայնություն
Longitude	Երկայնություն
Lune	Լուսին
Obscurité	Խավարը
Orbite	Ուղեծիր
Solaire	Արեւային
Solstice	Սոլստիցե
Télescope	Հեռադիտակ
Visible	Տեսանելի
Zodiaque	Կենդանականդակ

Vacances #1
Արձակուրդ #1

Aller	Գնալ
Avion	Ինքնաթիռ
Billet	Տոմս
Devise	Արժույթ
Départ	Մեկնում
Douane	Մաքսային
Expédition	Արշավախմբի
Itinéraire	Երթուղի
Lac	Լիճ
Musée	Թանգարան
Nager	Լողալ
Parapluie	Հովանոց
Relaxation	Թուլացում
Sac à Dos	Պայուսակ
Touriste	Տուրիստ
Tram	Տրամվայ
Valise	Ճամպրուկ
Voiture	Մեքենա

Vacances #2
Արձակուրդ #2

Aéroport	Օդանավակայան
Camping	Արշավ
Carte	Քարտեզ
Étranger	Օտար
Hôtel	Հյուրանոց
Île	Կղզի
Mer	Ծով
Montagnes	Լեռներ
Passeport	Անձնագիր
Plage	Լողափ
Restaurant	Ռեստորան
Taxi	Տաքսի
Tente	Վրան
Train	Գնացք
Transport	Փոխադրում
Vacances	Տոն
Visa	Վիզա
Voyage	Ճամբորդութիւն

Vertus #1

Առաքինություններ #1

Artistique	Գեղարվեստական
Bon	Լավ
Charmant	Հմայիչ
Confiant	Վստահ
Curieux	Հետաքրքրասեր
Décisif	Վճռական
Drôle	Զվարճալի
Efficace	Արդյունավետ
Fiable	Հուսալի
Généreux	Առատաձեռն
Imaginatif	Երեւակայական
Indépendant	Անկախ
Intelligent	Խելացի
Modeste	Համեստ
Passionné	Կրքոտ
Patient	Համբերատար
Pratique	Գործնական
Propre	Մաքուր
Sage	Իմաստուն
Utile	Օգտակար

Véhicules

Տրանսպորտային Միջոցներ

Avion	Ինքնաթիռ
Bateau	Նավակ
Bus	Ավտոբուս
Camion	Բեռնատար
Caravane	Քարավան
Ferry	Լաստանավ
Fusée	Հրթիռ
Hélicoptère	Ուղղաթիռ
Métro	Մետրո
Moteur	Մոտոր
Pneus	Տիրես
Scooter	Սկուտեր
Sous-Marin	Սուզանավ
Taxi	Տաքսի
Tracteur	Տրակտոր
Train	Գնացք
Van	Վան
Vélo	Հեծանիվ
Voiture	Մեքենա

Vêtements

Հագուստ

Bijoux	Զարդեր
Bracelet	Ապարանջան
Ceinture	Գոտի
Chapeau	Գլխարկ
Chaussure	Կոշիկ
Chemise	Վերնաշապիկ
Chemisier	Բլուզ
Collier	Վզնոց
Foulard	Շարֆ
Gants	Ձեռնացողներ
Jeans	Ջինս
Jupe	Փեշ
Manteau	Վերարկու
Pantalon	Տաբատ
Pull	Սվիտեր
Pyjama	Պիժամա
Robe	Զգեստ
Sandales	Սանդալներ
Tablier	Գոգնոց
Veste	Բաճկոն

Ville

Քաղաք

Aéroport	Օդանավակայան
Banque	Բանկ
Bibliothèque	Գրադարան
Boulangerie	Հացի
Cinéma	Կինո
Clinique	Կլինիկա
École	Դպրոց
Fleuriste	Գույն
Galerie	Պատկերասրահ
Hôtel	Հյուրանոց
Librairie	Գրախանութ
Marché	Շուկա
Musée	Թանգարան
Pharmacie	Դեղատուն
Restaurant	Ռեստորան
Salon	Սրահ
Stade	Մարզադաշտ
Supermarché	Սուպերմարկետ
Théâtre	Թատրոն
Université	Համալսարան

Félicitations

Vous avez réussi !

Nous espérons que vous avez apprécié ce livre autant que nous avons pris plaisir à le concevoir. Nous faisons de notre mieux pour créer des livres de la meilleure qualité possible.
Cette édition est conçue pour permettre un apprentissage intelligent et de qualité en se divertissant !

Vous avez aimé ce livre ?

Une Simple Demande

Nos livres existent grâce aux avis que vous publiez. Pourriez-vous nous aider en laissant un avis maintenant ?

Voici un lien rapide qui vous mènera à votre page d'évaluation de vos commandes :

BestBooksActivity.com/Avis50

CHALLENGE FINAL !

Défi n°1

Êtes-vous prêt pour votre jeu bonus ? Nous les utilisons tout le temps mais ils ne sont pas si faciles à trouver. Voici les **Synonymes** !

Notez 5 mots que vous avez trouvés dans les puzzles notés ci-dessous (n°21, n°36, n°76) et essayez de trouver 2 synonymes pour chaque mot.

Notez 5 Mots du ***Puzzle 21***

Mots	Synonyme 1	Synonyme 2

Notez 5 Mots du ***Puzzle 36***

Mots	Synonyme 1	Synonyme 2

Notez 5 Mots du ***Puzzle 76***

Mots	Synonyme 1	Synonyme 2

Défi n°2

Maintenant que vous vous êtes échauffé, notez 5 mots que vous avez découverts dans les Puzzles n° 9, n° 17, n° 25 et essayez de trouver 2 antonymes pour chaque mot. Combien pouvez-vous en trouver en 20 minutes ?

Notez 5 Mots du ***Puzzle 9***

Mots	Antonyme 1	Antonyme 2

Notez 5 Mots du ***Puzzle 17***

Mots	Antonyme 1	Antonyme 2

Notez 5 Mots du ***Puzzle 25***

Mots	Antonyme 1	Antonyme 2

Défi n°3

Formidable ! Ce défi final  n'est rien pour vous.

Prêt pour le dernier défi ? Choisissez 10 mots que vous avez découverts parmi les différents puzzles et notez-les ci-dessous.

1.	6.
2.	7.
3.	8.
4.	9.
5.	10.

Maintenant, composez un texte en pensant à une personne, un animal ou un lieu que vous aimez !

Astuce: Vous pouvez utiliser la dernière page de ce livre comme brouillon !

Votre Composition :

CARNET DE NOTES :

À TRÈS BIENTÔT !

Toute l'équipe

DECOUVREZ DES JEUX GRATUITS

GO

↓

BESTACTIVITYBOOKS.COM/FREEGAMES

www.ingramcontent.com/pod-product-compliance
Lightning Source LLC
Chambersburg PA
CBHW082159120626
46553CB00010B/2944
* 9 7 9 8 8 9 6 7 0 6 1 8 2 *